JN027395

叢書・ウニベルシタス　1113

カオス・領土・芸術

ドゥルーズと大地のフレーミング

エリザベス・グロス
檜垣立哉 監訳、小倉拓也／佐古仁志／瀧本裕美子 訳

法政大学出版局

CHAOS, TERRITORY, ART by Elizabeth Grosz
Copyright © 2008 by Columbia University Press
This Japansese edition is a complete translation of the U.S. edition, specially authorized by the original publisher, Colombia University Press through The English Agency (Japan) Ltd.

［口絵図版］
Mountain Devil Lizard, copyright © Nancy Kunoth Petyarre.
Courtesy Walkabout Gallery, Sydney, Australia.

ウェレク・ライブラリー批評理論講義は、毎年、カリフォルニア大学アーバイン校にて、批評理論研究所の主催で行われている。本書に収録された講義は、二〇〇七年五月に行われた。

批評理論研究所

所長　ジョン・スミス

目次

凡例

・本書は、Elizabeth Grosz, *Chaos, Territory, Art: Deleuze and the Framing of the Earth*, Columbia University Press, 2008 の全訳である。
・括弧のうち、［ ］は著者自身による挿入、〔 〕は訳者による挿入である。
・括弧のうち、『 』は書物のタイトル、《 》は絵画のタイトルを示している。
・原文のイタリック体による強調は傍点で、大文字による強調は〈 〉で示している。
・引用部分については、日本語訳が存在するものはその訳文を参考にし、該当頁番号を併記したうえで、訳者が訳出した。日本語訳の訳者諸氏に感謝し、その訳業に敬意を表する。なお、日本語訳の書誌情報は、原著の書誌情報とともに「参考文献」に記載している。

謝辞

私はカリフォルニア大学アーバイン校の批評理論研究所で二〇〇七年五月に開催された、ウェレク・ライブラリー講義に招待いただいたことに、心から感謝しなければならない。とりわけ研究所長のジョン・スミスに、そして私がアーバイン校で過ごす時間をとてもスムーズで刺激的なものにしてくれた事務統括のリサ・ネスに、また望むかぎりそのまま直接的に、素早く、口頭で話したことを原稿にすることができたことについて、コロンビア大学出版のジェニファー・クルーにも。

私は自分の著作すべてにおいて、そしてとりわけこの本においては、リュス・イリガライに、返済不可能なほどの大きな知的恩恵を受けている。イリガライは現代思想においてもっとも魅力的で生産的であると私が信じている概念を展開した。その概念とは、性的差異の還元不可能性である。彼女が、厳密にそして断固として、性的差異を、地球上の生命のエンジンそのものとして理解することがなければ、フェミニズム理論は、社会学的なジェンダー概念や平等主義の地平に拘束され、質料、力、自然、実在的なものについての存在論的な問いや、差異の政治学に関する広大な探究へと開かれることはなかっただろう。

ジル・ドゥルーズは、彼自身の著作においても、フェリックス・ガタリとの共著においても第二の主要な知的源泉であり、私はこの書物で、そして私の仕事のいたるところでそれらに依拠してきた。ドゥルーズの、あるいはドゥルーズとガタリの主要な概念——カオス、内在平面、合成＝創作平面、領土化、脱領土化、そして他の多くの概念——がなければ、私は芸術について、少なくとも哲学的には何も語ることがなかっただろう。イリガライとドゥルーズ——ドゥルーズ単独の仕事もガタリとの協働も含む——とを一緒にあつかうことは、ある緊張を生みだす。彼女／彼らの概念は、うまくかみあわず、ある不安感を与える。私は、その不安感が、鼓舞してくれるもの、問題提起的なもの、着想を与えてくれるものであることに気がついた。彼女／彼らを一緒にあつかうことで——そしてダーウィンの著作を媒介させることで——私たちは、性別をもつ生ける身体と、ダイナミックで、予測不可能で、出来事に満ちた世界のあいだにある、いくつもの生産的で芸術的な相互作用を理解することができるのだ。

また以下に挙げる他の多くの人々、イリガライやドゥルーズよりも個人的につながりのある人々のおかげで、私はこうした試みを準備し、仕上げることができた（以下順不同）。マルゲリータ・ロング、ジル・ロビンズ、ジョアンナ・レグルスカ、ハリエット・デヴィッドソン、ジョアン・ジヴァンド、フェン・チャー、スー・ベスト、フィリッパ・ロスフィールド、エレン・モーテンセン、ヤミ・ワインスタイン、ジョン・ラジチマン、アンナ・ラボ。とりわけこの本の草稿を注意深く読み、鋭く助けになる指摘をしてくれたクレア・コールブルックには多くを負っている。

いくつもの勤め先――ラトガース大学女性およびジェンダー研究学部、シドニー大学建築学部、ノルウェーのベルゲン大学女性およびジェンダー研究センター――は、私の執筆活動を遅らせるどころか、それに着想を与え、書きつづける手助けをしてくれた。これら勤め先からのサポートに、そしてそれぞれの機関で私が教えることができた活気ある刺激的な学生たちに、心から感謝している。学生たちが私に議論を挑んできてくれたおかげで、私は可能なかぎり鋭く明晰になることができた。皆さんに感謝する。そして、私をいつも支え、励ましてくれる家族には、特別の恩義を負っている。エヴァ・グロス、トム・グロス、イリット・ローゼン、タリリー・フィッシャー、ダニエル・グロス、ミア・グロス。ニコル・ファーモンにも、個別に感謝したい。芸術をめぐるこの書物の関心、そして哲学の身分を再考するための芸術の含意をめぐる私の関心の根底には、彼の機知、知恵、着想がある。

第一章の最初のヴァージョンは、当初「カオス、領土、芸術」と題され、『IDEA』誌(*Interior Design / Interior Architecture Educator's Association*; 2005) の一五―二九頁に掲載された。第二章の当初のヴァージョンである「振動――動物‐音楽‐性」は、ニュー・コンステレーションズというサイトにオンラインで掲載された。二〇〇六年三月にシドニーの現代美術館で開催された、科学、芸術、社会カンファレンスでの講演である。

南オーストラリア州立美術館とギャラリー・オーストラリスには、キャスリーン・ペチャラの《デビル・リザード・ドリーミング（ウィズ・ウィンター・サンドストーム）》を表紙カバーに利用する許可を与えてくれたこと、そして、ウォークアバウト・ギャラリーには、ナンシー・クノス・ペチャラの《マウンテン・デビル・リザード》copyright ©Nancy Petyarre の使用許可を与えてくれたことに感謝する。

カオス・領土・芸術——ドゥルーズと大地のフレーミング

第一章　カオス――コスモス・領土・建築

芸術、まさに芸術である。芸術は、生を可能にする偉大な手段、生の偉大な誘惑、生の偉大な刺激剤である。芸術は、生を否認しようとする意志に対する、唯一かつ高次の対抗力である。

――フリードリッヒ・ニーチェ『力への意志』

この小さな書物は、芸術の存在論、つまり芸術の物質的および概念的な構造に関する問いに向けられている。私は視覚芸術や空間芸術の専門教育を受けてはいない。しかしそれにもかかわらず、芸術と哲学のあいだには、多くの重なりあう点や、共通の領域がある。芸術と哲学が共有するそのような関心こそ、ここで私が探究したいものである。私は、建築、音楽、絵画――さらに芸術一般――の「起源」について論じたい。ただしその起源とは、考古学者や人類学者や歴史家が興味を示すような、何らかの物質的証拠や経験的研究によって確認することができる芸術の歴史的起源、進化的起源、物質的起源なのではない。むしろ私が探究しようと目論んでいるのは、芸術の創発の条件であり、芸術を可能にするものであり、芸術が必要とし、前提とし、案出する概念とはいかなるものかなのである。これらはもちろん、進化的な力や物質的な力、すなわち、生命を歴史的につくりあげてきた力に結びついているが、それにもかかわらず、それらから形而上学的に、あるいは存在論的に切り離すことができるものである。

ジル・ドゥルーズによれば、芸術は、概念を生産するのではなく、問題や挑発に対処するものである。芸術が問題に対処するのは、感覚、変様態《アフェクト》、強度を生産することによってであるが、これらはときに、哲学が生産する対象である概念と連携し結びついている。概念の生産は、哲学が問題をあつかったり、それに対処したりする仕方である。このように、哲学の本領は、おそらく、芸術を評価することにではなく（美学はそれをしようとしてきた）、芸術が、さまざまな手段によって、そしてさまざまな効果や結果を伴いながら直面するのと同じ創造への挑発や刺激に、哲学なりに対処することにあるだろう。哲学は、自分自身が、芸術およびそのさまざまな実践の双子あるいは姉妹だと気づくかもしれない。芸術の審査員でも、代弁者でもなく、芸術と同じく強情な姉妹。芸術を解明したり、代弁したりすることなく、芸術のかたわらで働きながら、芸術によって挑発され、革新や発明の創発への同じ誘惑を共有する姉妹。私の目標は、芸術のための非美学的な哲学を、つまり芸術にのみふさわしい哲学を展開することである。この哲学は、美術史や美術批評にとって代わるものでも、芸術の価値や質や意味を評価するものでもない。そうではなく、この哲学は、芸術に共通する力や力能を、そしてさまざまな芸術と哲学とのあいだの重なりあう領域に対処するものである。

この探究を導いてくれるのは、ドゥルーズおよびドゥルーズとガタリの著作、とりわけ、意味作用と主体化——この二つの支配的なパラダイムは、フェミニズム政治学とポストモダン政治学の両方を方向づけてきた——に対する彼らの批判である。そして、イリガライの著作、とりわけ、文化的生産や哲学的生産の原動力そのものとしての性的特殊性と還元不可能な身体的差異に対する彼女の固執もまた、私を導いてくれるだろう。ドゥルーズ、ガタリ、イリガライを通して、そして彼ら／彼女が、自然と文化の両方を認識されざる開放的な力へと開いたことを通して、芸術に、そして芸術が生じさせ変容させる力に対処するための、そしてそれらを思考するための、新たな方法を展開すること。またそうすることで間接的に、政治を概念化する新たな方法を、そして芸術と政治をひとつに結びつけ、思考しなおすことのできる方法を展開すること。これらのことが私の目標となる。

私は以前の著作で、身体と、空間、時間、物質性の力——すなわち自然——とが、いかにして、文化的および政治的な生産を抑制してきたのではなく、むしろそれらを可能にしてきたのかに焦点を当ててきた。[1] 本章でドゥルーズ、ガタリ、イリガライを通して私が対処したいのは、

---

[1] とりわけ Grosz 2004 および Grosz 2005 を参照。

いかにしてそのような力が一貫性を獲得し、芸術の生産的な爆発を可能にするのかということである。つまり大地の力（私たちがカオスとして、物質的および有機的な不確定性として理解することのできるコスモロジカルな力）が、生ける身体の力とともにもたらすさまざまな挑発から、いかにしてそのような爆発が可能になるのかということである。ここでの生ける身体とは、けっして人間の身体に限定されるものではなく、新たなものの生産を通して、自分自身のエネルギーや力を行使し、そしてみずからの努力を通して、さまざまなネットワーク、領野、領土を創造する身体のことである。身体が創造するそのようなネットワーク、領野、領土は、カオスから、有用なものではなく強度化するものを抽出することができる程度にまで、カオスを一時的そして暫定的に減速させる。その強度化するものとは、パフォーマンスであり、リトルネロ〔リフレイン＝反復を意味する音楽用語であるが、ドゥルーズとガタリにおいては『千のプラトー』などで、領土化と連関させてもちいられる〕であり、色や運動の組織化である。これらが変容することで、やがて芸術が可能になり誘発されるのである。

ドゥルーズは芸術作品の志向性や芸術作品における主体と対象の相互関係を分析するような哲学的あるいは現象学的なアプローチに対抗して、芸術が、強度を生産し産出するものであり、神経系に直接衝撃を与え、感覚を強度化するものであることを示していく。芸術は表象ではなく変様態の技法であり、記号の体制のもとで機能する特有のイメージのシステムではなく、動態化された、衝撃を与える力のシステムなのである。[2] 私がここで、芸術に関心をもつのは、強度や感覚や変様態を産出する創造性や生産のあらゆる形式に対してであり、そこには音楽、絵画、彫刻、文学、建築、デザイン、風景、ダンス、パフォーマンス、等々が含まれる。私は芸術作品の質を評価したり、何らかの「悪い」芸術から「良い」芸術を、低級な芸術から高級な芸術を区別したり、さまざまな芸術のあいだにヒエラルキーを設けたりすることには関心がない。そうではなく、生ける身体、宇宙の力、未来の創造、これらのあいだに芸術が打ちたてる特有の関係を探究することにこそ関心がある。それは、このうえなく抽象的な問いであるが、もしそれが十分に抽象的であれば、私たちに、具体的なものや生きられたものを理解する新たな方法を与えてくれるかもしれない。

芸術を他の文化的生産の形式から区別するのは、芸術的生産が感覚と一体となり、感覚を強

◉2　感覚、変様態、強度は、安易に同一視できるものではないが、いずれも明らかに、力、とりわけ身体の力と、そしてそれらの質的変容と密接に結びついている。これら感覚、変様態、強度は、それらが、生きられた身体や現象学的身体を、コスモロジカルな力へと、すなわち身体そのものがけっして直接には経験することのできない外部の力へと結びつけるという事実によって、生きられた身体からも、いかなる現象学的な枠組みからも区別される。変様態と強度は、身体が自然、カオス、物質性に浸透し、参与していることを証すものである。「被知覚態――都市を含む――が自然の非人間的な風景であるように、変様態はまさしく、人間の非人間的な生成〔人間の非人間的なものへの生成〕である」(Deleuze and Guattari 1994: 169〔『哲学とは何か』二八五頁〕)。

度化し、永遠化し、モニュメント化するその仕方である。物質的生産——商品生産——は、感覚を産出するかもしれないが、それは何らかの活動、作業、目標、目的を達成することへと向けられている。商品生産は、「芸術的な商品」の生産でさえ、以前に経験された感覚の生産へと、すなわち、悲しいとかうれしいとかといった特定の仕方で触発《アフェクト》することを保証される既知の感覚の生産へと向けられている。だからこそ、ドゥルーズがポップ・ミュージックや、大量生産される芸術、すなわちキッチュを、芸術的なものとして理解しているのかどうかは——彼が間違いなくキッチュがもつ強度化する効果を理解しているにもかかわらず——明らかではない。[3]芸術は、質料が表現的になることを可能にし、たんに満足を与えるだけでなく、強度化することを可能にする。すなわち芸術は、質料が共振すること、質料が質料以上のものになることを可能にするのである。これは、芸術が概念を欠いているということではない。たんに概念が芸術を構成する素材そのものではなく、むしろその副産物や効果であるというだけのことである。芸術とは、それを構成する素材——塗料、キャンバス、コンクリート、スチール、大理石、語、音、身体運動等々、実のところあらゆる素材——を、みずからが課す制約にしたがって、制御し、組織化することである。つまり芸術とは、これら素材が、それを通して感覚を産出し、強度化し、それゆえ生ける身体、器官、神経系に直接衝撃を与えるような形態の創造なのである。

美学は芸術についての理論であり、芸術についての反省であるが、哲学がそれとは別の仕方で、芸術の理解に貢献できることとは何だろうか。哲学は芸術の上に付加されるのでも、芸術を自身の対象とみなすのでもなく、いかにして芸術とともに、あるいは、芸術と並行しながら、芸術との中継点や連結点として働きうるのだろうか。それは哲学が芸術と共有するもの、哲学と芸術が大地や生ける身体の力のなかで共有する共通の起源、哲学と芸術が、カオスを分割し、組織化することで、ある一貫性の平面を、つまりそのうえで私たちが思考し、創造する、[4]共立性《コンシステンシー》の領野や合成＝創作平面をつくりだす仕方、これらを探究することによってのみである。いいかえるならば芸術と哲学は、それぞれに固有の仕方で（芸術は合成＝創作平面の構築

◉3　Buchanan and Swiboda 2004. とりわけ、そこに収録されているイアン・ブキャナンの論文「ドゥルーズとポップ・ミュージック」を参照。ドゥルーズ自身は、明らかに、ハイ・モダニズムと考えられうる作品に対する嗜好をもっているが、芸術を感覚のモニュメント化とする彼の芸術理解が、このうえなく日常的でポピュラーなものや、このうえなく既成的で型にはまった対象や、このうえなくありふれたパフォーマンスをも含む、ありとあらゆる芸術のより一般的な特徴づけであるのかどうかはまったく不明確である。

◉4　哲学を、それによって芸術が把握可能となるような支配的な学問分野として理解することはできない。そうであれば同じく芸術も、哲学の頂点や達成として理解することはできない。ある最近のテクストは、そのような理解の仕方をしてしまっている。「後期の仕事において、ドゥルーズは主体性、自由、創造に関する問いに対処しているが、彼はそれを、ほとんど美学の領域のうちで行っている。このようにドゥルーズは、初期の仕事以来の意味と反復の存在論に代えて、美学を、一種の哲学を支配する学問分野としているのである」（Due 2007: 164〔『ドゥルーズ哲学のエッセンス』二八七―二八八頁〕）。これは、ドゥルーズの芸術理解をひとつの美学ととり違えるものであり、また、哲学と芸術の関係をヒエラルキーあるいは「支配」の関

を、哲学は内在平面の構築を通して）減速させ、分解し、利用し、展開しなければならないそのような力、つまりカオスに、いかなる共通の借りがあるのだろうか。さらにいいかえるなら、いかにして芸術と哲学（「理論」）は創造するのだろうか。それは、どのような資源、技術、対抗力によってなのか。そして芸術と哲学は、「作品」を創造するとき、すなわち哲学著作と芸術作品を創造するとき、いったい何を創造しているのか。[5]

私はある神話的な意味での「はじまり」について論じることからはじめたい。「はじめに」カオスがある。それは、眩暈がするような予測不可能な力の運動であり、宇宙を構成する振動性の変動である。ここでのカオスは絶対的な無秩序としてではなく、むしろ秩序や形式や意志の過剰として理解することができる。それは、互いに区別も差異化もされえない力であり、質料はそれが別様になるための条件と一体となっており、現働的なものは潜在的なものと一体となっている。このようなカオティックな宇宙のどこかで、比較的まれに、偶然によって、分子のランダムな運動が有機タンパク質、細胞、原生命を産出する。そのような生命が存在し、みずからを永続させることができるのは、眩暈がするような、経験を圧倒するようなカオスから、すなわち自然、物質性、それらの内在的な力から、当の生命が、みずからが求める要素、物質、プロセスを抽出することができるかぎりにおいてであり、当の生命が、みずからを包みこみと取り囲む莫大な力を、何とかして括弧に括ったり、弱めたりすることで、みずからが必要とするものをとりこむことができるかぎりにおいてである。ドゥルーズに影響を与えた主要な哲学者のひとりであるアンリ・ベルクソンは、これを対象をやせおとろえさせることとして理解する。私たちが知覚するのは、私たちが関心をもつもの、私たちにとって有用なもの、私たちの感官が進化を通してそれへと適応してきたものだけである(Bergson 1988〔『物質と記憶』〕)。すなわち、生命は、たとえもっとも単純な有機細胞でさえも、いかなる物質的対象にもできない仕方で、みずからの過去をその現在に携えているのである。この発端の記憶が生命に創造性をさずける。すなわち、刺激に対する革新的で予測不可能な応答を案出する能力、反応する、あるいはたんに行為し、質料を自分自身へと折りたたむ能力、質料と生命を予測不可能な仕方で変容させる

係として誤解するものである。

◉5　ピーター・ホルワードは、デューとは逆の立場について次のように論じている。それによると、ドゥルーズは哲学を、芸術よりも精神化され非物質化された片割れとして位置づけている。ホルワードは、ドゥルーズによる物質性の超克を知覚しているのだが、哲学はまさに、芸術を乗り越えるためのひとつのステップだというのである。「したがって哲学に、芸術に対する何らかの特権があるとすれば、それは単純に哲学がみずからの媒体の精神化においてさらに先に進めるということである。あるいはむしろ、哲学とはまさにいかなる媒介も要求しないような思考の形式である。芸術が音や光、あるいは塗料や語を通して働くのに対して、ドゥルーズが考えるところの哲学は、自分自身以外の何ものも通さずに働く」(Hallward 2006: 129〔『ドゥルーズと創造の哲学』二七三—二七四頁〕)。ホルワードの読解は、科学、芸術、哲学の関係についてのドゥルーズの理解にヒエラルキー的な組織化をもたらすものであるが、このような組織化には、ドゥルーズの著作におけるテクスト上の根拠が欠けている。

能力、これらをさずけるのである。

　こうした基本的な生命が進化し、より以上のものとなり、みずからを展開し、精緻にすることができるのは、その環境と有機的構成の両方に、根本的に不安定なものがあるかぎりにおいてである。生命の進化を見いだすことができるのは、生命の形態が互いにますます種別化し、分岐していく過程、あるいは分化していく過程のなかだけではない。つまり大いに変異していく形態や身体の形の精緻化や展開のなかだけではない。生命の進化は、何よりもまず、むきだしの生存の要求を超過する生命の芸術的なものへの生成のなかに、生命の自己変容のなかに見いだすことができる。性的差異や形態的分岐の帰結である性淘汰は、地球上の生命の進化におけるもっとも早期の大変動のひとつであり、間違いなく生命がもたらしたもっとも重要な発明であり、形態的および遺伝的な変異を果てしなく産出していくことを保証する装置であり、まさに生物学的差異そのもののメカニズムである。性淘汰は、この事実によって、生命を、嗜好や快感や感覚の不確定性へと開くものである。[6] 生命はみずからの身体形態や原始的領土をつくることによって、自分自身を、快感（あるいは不快）を与えるもの、パフォーマンス的なものとして精緻化するようになる。すなわち、生命は、それら〔快感（不快）を与えるもの、パフォーマンス的なもの〕の形態への統合、それらの身体への衝撃を通して、自分自身を強度化されたものとして精緻化するようになるのである。

　性淘汰が存在するその瞬間から、すなわち、視覚、聴覚、嗅覚、触覚、味覚などの感覚を通して互いの関心や嗜好を誘引しあう二つの性が存在するその瞬間から、自然界にはたくさんの「芸術」が存在する。鳥のさえずりの心を捕らえて離さない美しさ。霊長類が見せるエロティックな誇示の挑発的パフォーマンス。植物の匂いへの昆虫の誘引。これらはすべて、ダーウィンが自然淘汰の観点から理解するたんなる生存にとっては、過剰なものである。このようなかたちの性淘汰や性的誘引は、身体および自然の秩序がもつ過剰性を肯定する。その過剰性とは、身体および自然の秩序が、互いのなかに、驚かせるもの、有用ではないがそれにもかかわらず誘引しアピールするものをひき起こす能力である。そのようなかたちの性淘汰や性的誘引は、いずれもたんなる生存の必要を超えた過剰な資源を肯定する。その過剰な資源とは、質

◉6　自然淘汰の容赦なき働きに対して性淘汰がもたらす、不確定的で、ときに攪乱的ですらある効果と、性淘汰が音楽、言語、芸術の発生のなかで占める位置に関する議論については、Grosz 2004 の第三章を参照。私は、ダーウィンの性淘汰の考えを精緻なものとし、説明するために、イリガライによる還元不可能な性的差異の理解をもちいてきた。ダーウィンの考えでは、性的パートナーを誘引する能力は、性の分岐に、雄と雌の身体的な差異――それがいかなるものであれ――に、そしてすべての生ける身体が近似している身体形態のさまざまなカテゴリーに、根本的に結びついている。この差異こそが、誘引し、魅惑し、アピールする。とはいえそれは、予測可能で明確な仕方でなされるわけではない。性的アピールの不確定性こそが、進化のプロセスがけっして前もって予測可能なものではないことを保証する。この不確定性こそが、社会生物学や進化論の他の決定論的な分派が受けいれられないものとおもわれる。

料と生命が互いを交換しあい、互いを変容させる生成へとはいっていく能力である。これらは、性的誘引がもつ芸術的な衝撃を、つまり、誘惑がひき起こす他なるものへの生成を示している。これは安定化を指向するホメオスタシスの関係ではない。すなわち、フロイトがオーガズム的なセクシュアリティの基盤とみなすリビドーのエネルギーの増大や消費ではない。そうではなく、とるに足らないもの、不必要なもの、快感を与えるもの、感覚的なものを、それら自身のためだけに生産することを可能にする、根本的にダイナミックで危険な不適応なのである。

いいかえれば、本来の意味での芸術が創発するのは、感覚が、自分自身をその制作者や知覚者からひき離し、自律性を獲得することができるとき、つまり、感覚がそこからひきだされてくるところのカオスの何かが息づき、自分自身の生命をもつことができるときである。ドゥルーズは、エルヴィン・シュトラウスが『感覚の意味について』(Straus 1963)において展開した感覚の概念を精緻化する。『感覚の意味について』では、感覚は、理性や知識に先行し、知覚や知解に先行する主体と世界の関係を指しており、そこにはつねに主体と世界の相互変容があるとされている。

感覚する主体が感覚をもつのではなく、むしろ、感覚する主体は、みずからが感覚することにおいて、はじめて自分自身をもつのである。感覚的経験においては、主体の生成と世界の生起の両方が繰り広げられる。何かが生起するかぎりにおいて、私は生成し、私が生成するかぎりにおいてのみ、（私にとって）何かが生起する。感覚することの〈いま〉は、対象性だけに属しているのでも、主体性だけに属しているのでもなく、必ずやその両方にともに属している。感覚することにおいては、感覚する主体にとって、自己と世界の両方が同時に繰り広げられる。感覚する存在は、自分自身と世界を経験する。世界のなかで自分自身を経験し、世界とともに自分自身を経験するのである。（Straus 1963: 351）

シュトラウスは感覚を、主体と世界の結びつきのひとつを形づくりながら生成するものとみなす。ドゥルーズはシュトラウスに倣い、感覚を、主体と対象が共有するもの、しかし主体にも、対象にも、それらの関係にも還元することのできないものとみなす。感覚とは、芸術が、質の抽出を通して、カオスから形づくるものなのである。

哲学は、芸術や科学と同じく、カオスを利用し、カオスに覆いをかぶせる。実在的なもののカオティックな不確定性、そして絶えざる変異へのその衝動が、ネットワーク、平面、凝集のゾーンを生みだす。これらネットワーク、平面、ゾーンは、カオスをマッピングするのではなく、秩序化、減速、フィルタリングの一時的な様態としての暫定的で開放的な凝集のために、強さ、力、物質をカオスからひきだす。哲学が、内在平面あるいは共立平面を通して概念に生命を与え、その概念が、それを創造した哲学者から独立して生き、しかしそれがひきだされてくるところのカオスを共有し、横断し、示しているとすれば、芸術も同じく、それがカオスのうえに投げかける合成＝創作平面を通して感覚に生命を与えるのであり、その感覚は、起源からも、いかなる運命や受容からも切り離され、しかしそれがひきだされてくるところの、そしてそれが表現するところの無限なものとの結びつきを維持してもいる。カオスのうえを行く双子の筏である哲学と芸術は、より真面目な姉妹である科学とともに、何か共立するもの、合成＝創作されたもの、内在的なものを抽出するために、それぞれの仕方で、カオスを枠づけるのであり、そしてカオスは、それら抽出されたものを、みずからを秩序づけるための（そして攪乱しもする）資源として利用するのである。[7]

さまざまな芸術があるが、それらは、性別をもつ生命を大地にしるしづけてきた強度化のプロセスにおける多様な実験の帰結であり、合成＝創作平面の（歴史的な）構築によって条件づけられている。すなわち、それらさまざまな芸術は、共有されたり差異化したりする技法、方法、資源の平面、そして芸術の生産における大変動を通して、つまり芸術の歴史――私たちが通常芸術の前史と考えているものをも包含するひとつの歴史――をつくりあげてきた感覚の革命を通して、変形され、方向づけなおされる平面、これら平面の構築によって条件づけられているのである。芸術が可能となるのは、そのような平面がいかなる個々の芸術作品にも先行するかぎりにおいてである。そして、個々の芸術作品は、みずからの場所を――崩壊の場所でさえも――この平面の内に見いだすのであり、この平面なしでは、芸術作品は感覚の存在として、すなわち感覚的多様性として機能することはできないだろう。合成＝創作平面は、感覚が生まれでることを通して、カオスを横切り、そうすることでカオスに潜りこみ、カオスをフィルタリングし、カオスに一貫性を与えるのだが、このような合成＝創作平面は、カオスへの没入であるとともに、渦巻くような複雑性——感覚、変様態、被知覚態、強度——から、すなわち、質料や出来事の生成のブロックとつねにともに進化する身体の生成のブロックから、生命が自分自身のために、自分自身の強度化のためにとり集めることができるものを抽出することによってなされるような、カオスの阻止と秩序化のひとつの様態でもある。

芸術と自然は——自然のなかの芸術なのだから——ある共通の構造をもっている。それは、役にたたない過剰な生産——自分自身のための生産、濫費や差異化のための生産——という構造である。芸術は、みずからが必要とするもの——色や形態や物質の過剰——を大地からとりだすことによって、芸術自身の過剰さを生みだす。それが、自分自身の生命をもつ感覚、「非有機的な生命」としての感覚である。芸術は、自然そのものと同じく、つねに、二つの秩序の

◉7 「芸術は、実際、カオスと闘っているのだが、それは、カオスを一瞬照らしだすひとつの見え《ヴィジョン》を、つまりひとつの感覚を、カオスから生じさせるためである……芸術は、カオスではなく、見え《ヴィジョン》あるいは感覚を生みだすカオスの合成＝創作であり、それゆえ芸術は、ジョイスがいうようなひとつのカオスモスを、つまり——予想も予断もされたことのない——合成＝創作されたカオスを構成するのだ……芸術はカオスと闘うのだが、それは、カオスを感覚可能なものにするためである」（Deleuze and Guattari 1994: 204–205〔『哲学とは何か』三四三—三四四頁〕）。

奇妙なカップリングであり、結合である。その二つの秩序とは、カオティックな秩序と整然とした秩序、折りこみと繰り広げ、収縮と拡張、といったものである。そして芸術が、自然の濫費の反転であり変容であるからこそ、芸術はまたさらなるカップリングに参与し、それを促進しなければならない。「自然が芸術のようなものだとすれば、それはつねに、自然があらゆる仕方で二つの生ける要素を共役的に結びつけているからである。すなわち、〈家〉と〈宇宙〉、〈慣れ親しんだもの〉〔*Heimlich*〕と〈不気味なもの〉〔*Unheimlich*〕、領土と脱領土化、有限なメロディー的合成態と無限な合成＝創作大平面、小さなリトルネロと大きなリトルネロ」（Deleuze and Guattari 1994: 186〔『哲学とは何か』三一四頁〕）。それゆえ芸術の最初の所作は、ニーチェが信じていたような、自分自身の身体の力とエネルギーの外面化ではない。すなわち肉と血がキャンバスと油へと変容することではない。そうではなく、身体が大地、自然、世界から先行的に分離することを要求するより原始的な所作こそが、芸術の最初の所作なのである。これはデリダとの注目すべき、そして珍しい合意点なのだが、ドゥルーズは、芸術の最初の所作、その形而上学的条件や普遍的表現を、フレームの構築や組みたてとして理解する。[8]「芸術は、カオスのひとかけらをフレームのなかに置くことによって、ひとつの合成＝創作されたカオスを形づくる。そして、そのように合成＝創作されたカオスが感覚可能なものへと生成する。あるいはそのように合成＝創作されたカオスから、芸術は、多様性としてのひとつのカオイド的感覚を抽出する」（Deleuze and Guattari: 1994: 206〔『哲学とは何か』三四六頁〕）。

建築とフレーム

それゆえこのような形而上学的な再構築における最初の芸術的衝動は、身体－芸術ではなく、建築－芸術なのである。ドゥルーズにとって芸術とは、大地の空間を組織化するための建築的ななわばり意識の拡張である。芸術は領土－家、家－領土というシステムに沿って展開しながら、芸術の与件あるいは素材としての純粋な感覚的質の創発を可能にするものである。芸術は人類の創造性にではなく、自然の過分性、感覚的なものを不必要なまでに豊かにする大地の能力、鳥の求愛の歌やダンス、青空の下でそよ風に揺れる野原の百合、これらのものに根づいている。芸術は、自然的なもの、動物的なものに根づいている。すなわち人間が動物から受けついだ進化的残滓のなかで、もっとも原始的で性化されたものに根づいているのである。芸術は進化的なものであり、それというのも芸術は、進化的達成と同時に発生し、その達成を、もはや生存とは関係がない表現の手段へと結びつけるからである。芸術はセクシュアリティによってひき起こされる予測不可能な変化や強度化を通して、生存衝動を乗っとり、変容させ、新たな秩序、新たな実践へと逸脱させる。芸術とは、生存の性化であり、同じくセクシュアリティ

●8　Derrida 1987〔『絵画における真理』〕および、とりわけ彼がそこで展開しているパレルゴン性の概念を参照。

とは、自然を芸術的にすること、自然の過剰性を探求することである。[9]

芸術は、自分自身の身体との何らかの本来的な関係にではなく、まさに正反対のものに結びついている。つまり、芸術は、ひき離しのプロセスに、そして感覚を身体から抽象する合成＝創作平面の生産に結びついている。「フレーム」の創発こそが、あらゆる芸術の条件であり、潜在的なものの飼い慣らしに対する、つまり大地のコントロール不可能な力の領土化に対する、建築に特有の貢献なのである。フレームこそが、まさに建築と同じくらい容易に、絵画や映画を構成する。建築がもつフレーミングの力こそが、対象や出来事の質を解放し、そうして解放された質が、芸術作品の実質や素材となる。[10] フレームとは、大地というカオスから領土を打ちたてるものである。フレームはそれゆえ、合成＝創作平面の最初の構築であり、端緒である。フレームや境界がなければ領土は存在しえないし、領土がなければ、対象や事物は存在できても、表現的なものへと生成しうるような、そして生ける身体を強度化し変容させうるような質は存在しえない。ここでいうところの領土は、そこにおいてさまざまな特異性や噴出や出来事が生じるような、屈曲や屈折の可変的な表面として理解することができる。領土は、無用に見えるかもしれないがよく精緻化された活動──性淘汰の大部分をしるしづける、構築や、注意をひく行動や、誇示などの活動──によって生産されるものである。

ドゥルーズとガタリは、性的な魅惑や誘引のパフォーマンスについて議論するために、きわめて建築的な例を提示している。

オーストラリアの多雨林にすむ鳥、スキノピーティス・デンティロストリスは、毎朝、何枚も葉を切り、それらを地面に落とし、裏返すことによって、色の薄い裏側を地面と対照させる。このようにして、スキノピーティスは、自分自身のためにレディ・メイドのような舞台を構築する。そして、その真上で、蔓や小枝にとまって、くちばしの下を毛羽だてることで羽の黄色いつけ根をあらわにし、スキノピーティスの音色と、スキノピーティス

◉9 「芸術は、おそらく動物とともに、少なくとも領土を区分けし家を構築する動物とともにはじまる（領土と家は相関的である、あるいは、生息地と呼ばれるもののなかでひとつの同じものである）。〈領土－家〉のシステムは、多くの有機的機能――セクシュアリティ、生殖、攻撃性、餌の獲得――を変容させる。しかしこの変容が、領土と家の出現を説明するのではない。むしろ逆である。領土が、純粋な感覚的質の、つまりセンシビリアの発現を含意しているのである。このセンシビリアが、たんに機能的であることをやめ、表現的特性へと生成し、機能の変容を可能にするのである」（Deleuze and Guattari 1994: 183〔『哲学とは何か』三〇九頁〕）。

◉10 建築を、すべての芸術の、そしてそれらによる平面形成の様態の始原的な衝動あるいは形式と見なす点で、ドゥルーズとガタリはベルナール・カッシュに倣っている。「建築を、フレーム……の操作と定義することが可能である。フレームの芸術である建築は、それゆえ、建築物という特定の対象に関わるだけではなく、フレーミングのあらゆる要素を含むあらゆるイメージ、すなわち映画や絵画、そして間違いなく他の多くのものにも当てはまるだろう」（Cache 1995: 2）。

がときおり模倣する他の鳥の音色からつくられた、ある複雑な歌を歌うのである。それは完璧な芸術家である。ひとつの芸術作品全体を描きだすのは、肉の共感覚ではなく、領土における感覚のブロック、すなわち色、姿勢、音である。この音響的ブロックはリトルネロではある。しかし姿勢のリトルネロや色のリトルネロも存在するのであり、さまざまな姿勢や色がつねにリトルネロにはいりこんでいる。例えば、かがむ、頭をあげる、輪になって踊る、色の線をひく。リトルネロの全体が感覚の存在である。モニュメントとはリトルネロである。この観点から見ると、芸術は絶えず動物につきまとわれている。

（Deleuze and Guattari 1994: 184〔『哲学とは何か』三一〇頁〕）

このかぎりにおいて、建築や、建築にひきつづくあらゆる芸術は、鳥のさえずり、昆虫の嗅覚のダンス、そして人間を含む脊椎動物のパフォーマンス的な誇示に結びついている。これらはそれぞれ、ひとつの領土、ひとつの性化された領土の構成であり、そこにおいて性的誘惑を実行し、性的満足を抽出し、性的力を強度化することができるような、自分自身に固有の空間の構成なのである。しかしおそらくより重要なのは、領土の構成とは、そこにおいて感覚が創発しうるような空間の、そしてそこからリズム、トーン、色づけ、重さ、肌理が抽出され、他のところへと移行し、それら自身のために機能し、強度のためだけに共振しうるような空間の製作であることである。同様に芸術の始原的な衝動が、自然的世界と人間的世界の両方における領土の創造であるかぎりにおいて、芸術はまた、破壊と歪曲の衝動をもつこともできる。この衝動は、領土を破壊し、領土を、それが一時的にひき離されてきたカオスへと送り返すことができる。フレーミングと脱フレーミングは、感覚を通した、芸術による領土化と脱領土化の様態となる。フレーミングは、合成＝創作平面を構成する手段となり、脱フレーミングは、合成＝創作平面の大変動と変容の様態となる。

あらゆる芸術においてもっとも始原的で動物的なものである建築は、そのもっとも基本的な点においては、フレームをデザインし構築することとほとんど違わない。これらは建築の表現の基本形式である。建築は、もっとも洗練された現代的な形式においてさえ、絡みあうフレームの構成、つまり他のフレームに結びついたり、他のフレームを含んだり、他のフレームによって含まれたりすることができるフレームの構成である。建築とは、立方体として、例えば、互いに連結する立方体、守られたり歪められたりする立方体、開放されたり、屈曲させられたり、切り開かれたりする立方体として、フレームを創造することなのである。[11] フレームは分離

[11] 「厳密にいえば、建築家はフレームをデザインする。このことは建築の図面を調べてみることで容易に検証することができる。建築の図面は平面図、断面図、立面図等のあらゆる次元において絡みあうフレームにほかならない。立方体は立方体にほかならない……。アンリ・ヴァン・デ・ヴェルデは、「芸術の除去作業〔Déblaiements d'art〕」というテクストにおいて、フレームの形状の歴史的進化と建築形式の歴史的進化とのあいだの並行性を指摘した。絵画は、建築物をつくりあげる一連のフレームを、いわば完成させるのだろ

する。フレームは環境や空間に切りこむ。この裁断が、フレームを合成＝創作平面の構成へと、つまりカオスの一時的な秩序化へと結びつける。この構成、秩序化は、カオスのかけら、つまりカオイド的状態を、ある空間、ある時間、ある形式、ある構造のなかへと捕捉し、減速させるために、それらを閉じこめる格子や秩序を敷くことによって遂行される。そのような空間、時間、構造、形式のなかでカオスのかけら、つまりカオイド的状態は、身体を触発したり、身体によって触発されたりすることができるようになる。フレームの製作を通したこのような大地の空間の裁断は、まさに、家と領土、内と外、インテリアと風景、それら両方を同時に、大地の空間の変奏の最大値として、つまりその二つの側面として、合成＝創作する所作そのものである。質は、いまや世界へと放たれ、もはやそれらの「自然な」場所に繫留されることなく、たんなる生存から離脱してみずからの資力と過剰を祝福する感覚の戯れへとはいっていく。

だからこそ、フレームのもっとも基本的な形式は、仕切りである。それは壁であってもスクリーンであってもかまわない。仕切りは、下方へと投射されれば床の平滑性を生みだし、大地の表面から「凹凸をとり除き」、それを平滑にし、最初の（人間的）領土化をなしとげる。床は、平滑性、順応性、共立性を絶えず獲得しながら、大地と水平性によって、新たなより多くの感覚を解き放つための資源、重力や運動の過剰を探究するための資源をつくりだす。それらはダンスと運動競技の両方が創発するための条件である。[12] 前方へ投射された仕切りは、壁をもたらし、この壁によって内と外の可能性が構成され、自然的なもの（カオティックなもの）から居住可能なものが分け隔てられ、大地そのものが画定可能な空間へと、シェルターや家へと変容する。壁は一方の側では私たちを世界から分け隔て、他方の側では別の世界を、つまり構築されフレーミングされた世界をつくりだす。壁はまずは分け隔てるものだが、その向こう側にあるものたちとの新たな連結、新たな関係――社会的関係や対人関係――をもたらしもするのである(「壁は私たちの共存の基礎である」[Cache 1995: 24])。壁は床によってつくりだされた領土を不安定化し、再屈曲させる。しかし壁の内側で、あるいは壁を通して、大地の別の再領土化がつねに起こりうる状態にある。

壁のもっとも直接的で知覚可能な機能は、分離し分け隔てることにあるが、壁には同様に、選択しとりこむという機能もある。この場合、フレームは窓へと変換されうる。窓は外側の自然を選択的に視覚化する。外側の自然は、もはや仕切りの向こう側ではなく、いまや部屋という枠づけられた空間の内にあるひとつの「風景」となる。窓は、いまやフレーミングされた外

う。連続的な脱フレーミングを通じて、絵画のキャンバスから壁面のフレスコ画へ、地面のモザイク画へ、そしてついには窓枠に収まったステンドグラス窓へいたるだろう。このように、絵画のフレームは、建築的なフレーミングの残余、さらにいえばその痕跡なのだろう」(Cache 1995: 22)。

◉12 「舞台の平坦さこそが振りつけを可能にするのであり、それはまさに、競技場の平坦さこそが運動競技の可能性を高めるのと同じである。グラウンドの平面は、人間の活動がはっきりとしたかたちを取るために、大地の表面から凹凸をとり除く」(Cache 1995: 25)。

を、つまり眺めや景色を、選択的にとりこむのである。壁が暗くするのに対して、すなわち光や自然の力を閉めだすのに対して、窓はその力を内へと回帰させるために、それらを再度選択的に枠づけ、明かりを内部にとりこむ。壁、床、窓はそれぞれ、互いを枠づけ、分け隔て、選択するのと同時に、それらの集合的な外をも枠づけ、分け隔て、選択する。そして壁、床、窓はともに、立方体の形態に絶えず近づきながら——たとえ最終的にその形態を歪曲することになるとしても——、最後の仕切り、すなわち屋根をもたらす。屋根は床に似ているが、しかし水平的な壁以上のもの、いかなる方向にも提示される箱以上のものである。カッシュが論じているように、屋根は機能の論理よりも形態の論理にしたがう。このことが、屋根が、角柱、ドーム、円錐、ピラミッド（Cache 1995: 26）といった、それぞれに固有の線、形象、特異性をもち、それぞれの屈曲と曲率の様態をもつ、形式的で幾何学的でさえあるリストに属する傾向を説明する[13]。

建築のフレームの内では、ミニチュア化された形態において、フレームは自分自身を、そしてその領土化する機能を、家具——建築の内の建築、つまり建築の建築——を通して、再び作動させる。「家具は、私たちの日常的な言語ではオブジェとして分類されるが、建築の内部の複製《リプリケーション》〔再折りこみ〕とみなすことができる。クローゼットは箱のなかの箱であり、鏡は外からとりつけられた〔内を覗くような〕窓であり、テーブルは地面のうえのもうひとつの床である」(Cache 1995: 30)。カッシュ——彼自身、家具製作者なのだが——が強調するように、家具は、もっとも身近に身体に触れるものであるがゆえに、身体および身体の活動とダイレクトに接することを通して、建築のフレームに結びつけられている。このことはほとんど驚くべきことではない。家具は、身体が、あらゆる外のカオスによってもっとも直接的に触発されることだけなく、そこから保護されることも可能にするのである。「私たちのもっとも身近な営為に対してであれ、あるいはもっとも抽象的な営為に対してであれ——それらがベッド上のものだろうと椅子上のものだろうと——、家具は、私たちがそこにおいて行為したり反応したりする直接的な物理的環境を提供する。家具はそれゆえ、都市に生きる動物である私たちにとっては、第一の領土なのである。建築、オブジェ、地理といった形態が、そこにおいてひとつに結合しているイメージが、家具なのである」(Cache 1995: 30)。

実在的なもの、外、自然、質料、力、コスモス、地理——これらの言葉はすべて、カオスの多かれ少なかれ安定した表現として理解できる——は、カオティックなもののひとつの要素、断片、薄片を、感覚というかたちであらわにしたり、視覚化したりする、そんな資源の生産的な増殖を外からかきたてるものである。(有限で一時的な)領土の構成を通して境界画定され

◉13 「壁は境界を定め、窓は選択する。このようなものこそ、私たちがその内に床という薄い間隙を見いだす可能性のフレームである。それは原因や間隙の体制に属している。屋根は別の秩序に属している。それは出来事を包みこむ。それは特異化の効果である」(Cache 1995: 28)。

るこのような実在的なもの、外、カオスは、ひとつの敷地《サイト》を特徴づけるような、よりいっそう計算可能で、測定可能で、マッピング可能な特徴を可能にする。つまり、科学的および技術的な操作やコントロールにその敷地が開かれることを可能にする。そしてその敷地内での方向定位の調整と仕切りを通して生みだされ、確立されたフレームは、いまや風景に仕たてあげられた、つまりひとつの眺めに仕たてあげられた領土が直接的にしるしづけることのできるもの、照らしだすことのできるものを分け隔て、選択する。それが内である。内とは、いくつもの集団や共同体によってなされる分け隔てであり、選択である。そして確立されたフレームの内で、フレームの内のフレームの内のフレームとして、私たちの身体と身体を支えるもの、すなわちさまざまな備品は、共存し、私たちの身体からありあまる感覚と行動が生みだされる。家具は外を内へとりこむが、それは家具そのものが、この外から抽出され、変容させられ、剝ぎ取られ、手を加えられ、洗練されるかぎりにおいてである。ようするに、家具とは、いまや内において構築され調整された外なのである。このような領土化、脱領土化、再領土化のプロセスにおいて、身体は、宇宙そのものの蠕動運動——心収縮と心拡張、収縮と拡張——に緊密に結びつけられ、その運動によって形づくられるようになる。身体と宇宙は、相互的な凹み／凸み、浮動／落下、折りこみ／繰り広げによって絡みあい、いまや枠づけられた外によって直接的に触れられ、身体と宇宙があわさることから感覚がつくりだされる。

芸術はまず建築的である。なぜならば、芸術のコズミックな素材は、質そのものが創発し、生き、感覚をひき起こすためには、境界画定され、枠づけられ、包含されることを必要とするからである。建築は力のもっとも初歩的な拘束あるいは包含であり、質が領土の構成を通して自分自身の生を生きることができるための条件である。領土は、カオスを一時的にフレーミングし、そのプロセスにおいて抽出可能な質を生みだすのであり、この質が芸術の素材や形式的構造になる。領土化のためのひとつの建築や、単一の枠づけや、普遍的な技法などといったものはない。生の形式ひとつひとつ、文化の形式ひとつひとつが、それぞれに固有の組織化の仕方、身体と大地の結びつき、生けるものに負わされる難問のとりあつかい方をひき受けるのである。

カッシュは次のことを明確にしている。以上の記述は、合成＝創作平面およびその表面上で噴出する芸術－出来事に関するある種の系譜学とみなされるかもしれないが、それは唯一の系譜学でもなければ、芸術の起源についての唯一の（歴史的および文化的な）再構築でもない、ということを。ヴェルフリンとヴォリンガーが主張するように、西洋の建築と芸術が、このような平面の構築の系譜学、つまり実質からの秩序の構成の系譜学を見守るものだとすれば、非西洋の芸術の系譜学はまったく異なる論理にしたがうのかもしれない。

最初の建築的所作は、大地に対してなされる。その所作とは、私たちの墓穴であり、あるいは私たちの土台である。可変的な曲率の表面に抗する平面、つまり最初のフレームは、穴を掘ることである。しかし、これはたんに西洋の思考の基本原則にすぎないのかもしれない。西洋の建築においては、最初のフレームは大地と対峙するものであるが、それとは異なり、日本の建築は、風や光や雨に対してさまざまなスクリーンをたてる。穴を掘ることではなく、仕切りやパラソルである。スクリーンは空《ヴォイド》を強調する。(Cache 1995: 64)

大地は、無限に分け隔てられ、領土化され、フレーミングされうる。しかし大地が何らかの仕方で境界画定されないかぎり、自然そのものは、生命を性化すること、魅惑的なものにすること、つまりたんなる生存以上のものへとひきあげることができない。フレーミングとは、カオスが領土へと生成する仕方である。フレーミングとは、それによって対象が境界づけられ、質が解放され、芸術が可能になる方法である。

芸術と大地

建築的なフレーミングはスクリーンの可能性そのものを生みだす。スクリーンは、潜在的な投射のための平面として、壁、窓、鏡の混成物として機能する。絵画は、第三章で見るように、フレームからスクリーンへの移行過程として、ますます脱物質化していく運動として、イメージが環境や位置にますます依存しなくなっていく運動として理解することができる。そして絵画それ自体が、フレームを複雑に折りこんだ二次的な構成物であり、それはもはや有用性と快感が混じりあった目的のためにではなく、感覚の産出(けっして生殖や表象ではない)のために構成される。フレームの歴史とは、ますます脱物質化していく進展、すなわち、領土への―壁への―絵画への―窓への―鏡への―スクリーンへの生成という進展である。

建築と同じく芸術は領土化の運動であるだけではない。すなわち身体をその必要性と利害にしたがって宇宙そのもののカオスへと結びつける運動であるだけではない。それはまた、逆の運動、脱領土化の運動でもある。すなわちカオスに再び触れるために、領土を切り開き、囲いやパフォーマンスからなるシステムを解体し、領土を横断する運動でもある。この運動によって、荒れ狂った、非システム的な何か、カオティックな外部の何かが、身体において、身体を通して、そして身体に衝撃を与える作品や出来事を通して、自分自身を再び主張し、とり戻すことができるようになる。フレーミングが、合成=創作平面の条件そのものを、それゆえ何らかの個々の芸術作品の条件そのものをつくりだすとすれば、芸術それ自体は、フレームをきしませ、広げ、変容させる企て、フレーム間の間隙や連接に焦点を当てる企てでもある。この意味において、絵画の歴史、そして絵画以降の芸術の歴史は、フレームを離れ、乗り越え、押し広げる行為とみなすことができる。フレームはもはやみずからが含むことができないこの運動によって爆発する。[14] 芸術はそれゆえ、カオスの要素や破片をフレームのなかに捕獲し、そこか

[14] ドゥルーズ自身は、どちらかというとポストモダニズムの芸術、とりわけコンセプチュアル・アートを見

らイメージや表象ではなく、ひとつの感覚を、あるいはむしろ感覚の合成態や多様体をつくりだし、抽出する。つまり芸術は、芸術作品以外のところで、芸術作品の外部で、すでに経験されていたり利用可能であったりする感覚の反復ではなく、まさに芸術によってのみ産出され、増殖させられるような感覚をつくりだし、抽出するのである。フレーミングとは、感覚が生みだされ、新陳代謝させられ、世界へと解き放たれ、それ自身の生を生きるよう、そして他の感覚に感染し、他の感覚を変容させるようになるための、生々しい条件なのである。

これこそがまさにあらゆる芸術の責務であり、音楽も絵画も同じく、色や音から、大地の歌と人間たちの新たなハーモニーを、新たな可塑的な風景あるいはメロディーの風景を、新たなリズムの人物を抽出し、これら抽出されたものによって、当の色や音は大地の音や人類の叫びの高みへと上昇する。つまり、音楽と絵画は、トーンや健康や生成を構成するものを、視覚的ブロックや音響的ブロックを抽出する。モニュメントは、起こったことを記念したり、祝ったりするのではなく、出来事を具現化する執拗な感覚を、未来の耳に託す。

(Deleuze and Guattari 1994: 176〔『哲学とは何か』二九七―二九八頁〕)

芸術による感覚の解放と伝播については、次章でさらに考察していくが、それはつねに共振あるいは調和的な振動の一様態であり、揺れ動き自分自身を差異化する宇宙そのものの構造から抽出されたひとつの変動である。これらは自己同一的なものが何もない宇宙、あらゆる実質が、運動であり、さまざまな様態の収縮と膨張あるいは差異と反復であるような宇宙――そこでは、あらゆる実質は、知覚、つまり聴覚的イメージや視覚的イメージだけでなく、何よりまずリズムこそを産出する――において、ペースをとり、測定し、識別するためにもちいられる。リズムは音楽において/として聴覚的に爆発し、絵画や視覚芸術において/として視覚的に爆発する。リズムはもっとも初歩的で原始的な身体的構造を、もっとも単純な有機体のそれであったとしても、宇宙そのものの容赦のない運動に接続する。芸術は音楽、彫刻、絵画、建築、ダンスとして、あらゆる構造を通して、共振し、力を伝える。この力は、人類の産物としてではなく、すなわち人間を動物から区別する発明としてではなく、すべての生命を貫き、さまざまな形態の生けるものを物質性そのものの非有機的な力や質に接続する、非人間的な「生きられえない〈力〉」(Deleuze 2003: 44〔『感覚の論理学』六四頁〕)として考えなければならない。

視覚芸術と音響芸術は、質料それ自体の振動的構造のいくらかを捕獲する。それらはカオスから色、リズム、運動を抽出することによって、カオスを減速させ、その内にひとつの領土の

下しているようにおもわれ、映画や音楽と同様に絵画において、ハイ・モダニズムの作品への明らかな嗜好を示している。ドゥルーズ主義に対する挑戦のひとつは、ドゥルーズ自身がほとんど分析しなかったテクストや運動に、ドゥルーズに喚起された分析をいかにして差し向けるのかというものである。

境界を示すのである。その領土は、みずからを再形成し、みずからに自立性を与えるであろう新たな調和を受けとることができる。つまりそのうえで、自分自身を維持する安定化の平面を受けとることができるのである。リトルネロとは身体と共振し、身体を強度化する領土を、カオスから囲う仕方である。領土とはつねに時空的座標（それゆえ測定や、正確な位置どりや、具体性や、現働性の可能性）と、質（測定不可能で、不確定的で、潜在的で、開放的）の、両方があわさることである。すなわち領土とは、ある環境とあるリズムのカップリングである。リトルネロとは、ある特定の領土や生息地の質を共振させ、その領土や生息地を、境界を示された空間として、つまり、包含され拘束されているにもかかわらず、みずからが力をひきだしてきたカオスへとたえず開かれてもいる空間として、形づくりなおす運動である。

ドゥルーズとガタリによれば、音楽と文学は、芸術のなかでは明らかに、空間を指向する芸術ではなく、時間的運動を指向する芸術なのだが、それにもかかわらず、視覚芸術や建築芸術と同様に、領土化とフレーミングをモデルにして容易に表象することができる。音楽もまたフレーミングされるのであり、カオスからの振動的なリズムの抽出に関わっており、この抽出によってカオスは、ハーモニー的なものとメロディー的なものの交換によって構築されるフレームのなかに位置づけられるようになる。振動はハーモニー的なものへと生成する。メロディーは、振動的運動のあいだの交換としてのひとつの「音響的な」家の組みたてや構築を制御するようになる。

音楽の状況は［視覚芸術の場合と］違いがあるようにはおもわれないし、おそらくは［視覚芸術の場合よりも］より強くフレームを組みいれてさえいる。しかし音にはフレームがないといわれている。それにもかかわらず、感覚の合成態、つまり音響的ブロックは、同じく複数のセクションあるいはフレーミングの形式をもっているのであって、これらセクションあるいはフレーミングの形式は、そのひとつひとつが接合され、一定の閉包を確保しなければならない。もっともシンプルなケースは、モノフォニー的なリトルネロとしてのメロディー的な歌曲である。次に、すでにポリフォニー的なモチーフであり、それは別のメロディーの展開のなかにはいっていき対位法をつくりだすメロディーの要素である。そして主題であり、それはメロディーラインを通しての和声変更の対象である。これら三つの基本的な形式は、音響的な家とその領土を構築する。

（Deleuze and Guattari 1994: 189〔『哲学とは何か』三一九―三二〇頁〕）

質／特質〔所有〕が、それら自身の共振、それら自身の反復と再構築の形式をもつようになるとき、そしてその場合にのみ、ひとつの領土が打ちたてられる。領土とは、そのようなリズムや力の時空的な布置、時空的な包含である。領土化とは、「表現的なものへと生成したリズムの行為、あるいは質的なものへと生成した環境の行為」（Deleuze and Guattari 1987: 348〔『千のプラトー』中、三二七頁〕である。振動的なリズムは、色彩的な表現、音響的な表現、触覚的な表現へと生成する。振動的なリズムは、大地──みずからの質としての抽出をフレーミングし条件づける特定の場所や地理──に触れ、交雑受精する。ある質が環境から抽象されるようになるのとまったく同時に、ある地理は特質〔所有物〕あるいは生息地として定義されるようになる。フレームの構成のなかで、コスモスは、構築された凝集の平面を通して、物質の変容と生成へと、そして身体の再編や力の強度化へと向かいながら、環境に閉塞と開放の新たな布置を与える。[15] カオスは、制御され、許容可能な──そしてもしかしたら刺激や変化をくれるかもしれない──ある量を通して、阻害されフレーミングされると同時に、歓迎されもするのである。

絵画の目標が、あらゆる器官を眼として機能させること、内臓そのものに見させることだとすれば、そして音楽の目標が、あらゆる器官や身体の孔を、リズムやメロディーに親和的な耳として機能させることだとすれば、またドゥルーズが指摘するように、音楽が身体を精神化するのに対して、絵画が身体をより深く物質化するのだとすれば、それは身体が、さまざまな芸術を通して、少なくとも一瞬のあいだカオスの力によって直接触れられるからである。身体はこのカオスの力から、習慣や紋切り型やドクサによって、つまり未来を告げる感覚ではなく、たんに予測可能で既成のものでしかない感覚を与える包含の運動によってみずからを慎重に保護しているのだが、さまざまな芸術を通してそのようなカオスの力によって直接触れられるのである。[16] 絵画、音楽、文学がひきだすのは、紋切り型や、大衆的なオピニオンや、良識や、計算でもなければ、同様に、容易に使いこなすことができ、再認可能で、まっすぐに解釈可能で、同定可能であるような、表象や、知覚や、イメージでもない。そうではなく、絵画、音楽、文学が生産し、産出するのは、一度も経験されたことがない感覚、一度も知覚されたことがないものの知覚、あるいは当の絵画、音楽、文学以外の仕方では知覚することができないようなも

◉15 ボーグが、ドゥルーズの芸術論に関する啓発的な分析において示しているように、「表現的な質の配置としての芸術は、領土の形成における、そして領土を占める者が所有者としてアイデンティティを確立することにおける、能動的なエージェントである」(Bogue 2003a: 20)。

◉16 「[音楽は] 身体からその惰性を、その現前の物質性をとり除く。それは身体を脱身体化する。……ある意味、音楽は絵画が終わる地点からはじまるのであり、これこそが、音楽の優越性が語られるときに意味されていることである。音楽が、身体を貫くがしかしその共立性が身体とは別のところにある逃走線上に位置づけられるのに対して、絵画はそのはるか上流に位置づけられ、そこで身体は自分自身から逃れでる。しかし、逃れでることで身体は、身体を合成＝創作している物質性、身体をつくっている純粋な現前を見いだすのであり、この純粋な現前を、身体はそれ以外の仕方で見いだすことはないだろう。ようするに絵画は、その線‐色のシステムや、その多価的な器官すなわち眼でもって、身体の物質的現実を見いだすのである。……音楽は、その音響システムや、その多価的な器官すなわち耳をたちあげるとき、身体の物質的現実とはきわめて異なるものへとみずからを差し向ける。音楽はもっとも精神的な存在者に、脱身体化され、脱物質化された身体を与える」(Deleuze 2003: 54〔『感覚の論理学』七七―七八頁〕)。

の知覚である。視覚芸術は、それ自体では見えない力を見えるようにする。音楽芸術は、「音響的ではない力を音響的にする」（Deleuze 2003: 57〔『感覚の論理学』七九頁〕）。ようするに芸術は、コスモスから知覚しえない何かを抽出し、その何かに、コスモスがもたらす感覚可能な物質をまとわせることによって、感覚を、つまり何かについての感覚ではない純粋な強度を、身体の神経や器官への直接的な衝撃をつくりだすのである。

絵画は見えないものを見える形態にすることに、音楽は聴こえないものを鳴り響かせることに関わっており、いずれも表象不可能なものの表現であり探究である。[17] 芸術は、生きられた身体――シュトラウス（Straus 1963）により示され、後にメルロ＝ポンティ（Merleau-Ponty 1968〔『見えるものと見えないもの』〕）によって精緻化された、主体と対象の、見る者と見られるものの、ひとつの共通の肉における溶けあいと決定不可能性――の知覚や感覚の活性化に関わるのではない。そうではなく芸術は、生きられた身体をある生きられえない力へと変容する。この解き放たれた力は、世界とともに身体を変容する。ドゥルーズは、生きられた身体を芸術生産のための場とする現象学的な理解に対して、きわめて批判的な応答をしているが、しかし明らかにドゥルーズは、メルロ＝ポンティからではなく、ユクスキュル（次章でより詳しく見るように、意識的な人間主体ではなく動物の現象学者あるいは記号論者）から、とりわけ自然を現象学的に選別された環境のパターン化された対位法とする彼の理解から着想をえている。例えばクモは、その巣の内に、捕獲しようとしている獲物の複雑な像を携えている。その巣はハエについての地図であり、ハエとの対位法である。それでも、ドゥルーズの現象学批判は明らかである。肉は、感覚をつくりあげるための場ではあるが、感覚それ自体として理解することはできない。感覚とは、人類〔mankind〕が非人間的なものへと生成するための、人間を進化的に乗り越えるための先導者である。

ようするに感覚の存在は肉ではなく、コスモスの非人間的な力と、人間の非人間的なものへの生成と、それらを交換し、調節し、風のように旋回させる両義的な家からなる合成態である。肉とは、おのれが開示するもののなかで、つまり感覚の合成態のなかで消失する開示者にすぎない。（Deleuze and Guattari 1994: 183〔『哲学とは何か』三〇八頁〕）

コスモロジー的な測り知れないもの——とりわけ明白なのは、時間性や重力や磁力などの力——は、科学や哲学や芸術による探究の対象と同じく、見えない、聴こえない、知覚しえない

◉17 「芸術家は哲学者に似ている。彼らがもつごくわずかな健康はしばしば脆すぎる。それは、彼らの病のせいでも神経症のせいでもなく、彼らが生のなかに、誰にとっても大きすぎる何か、自分自身にとっても大きすぎる何かを見てきたからであり、この何かが彼らに死の密やかな烙印を押してきたからである。しかしその何かはまた、生きられたものの病を通して彼らを支える源泉でもあり、息でもあるのだ（それをニーチェは健康と呼ぶ）」（Deleuze and Guattari 1994: 172–173〔『哲学とは何か』二九〇—二九一頁〕）。

大地の力のただなかにある。つまり、生命を活気づけ、それ自身を超えて拡張するような、生命の支配を超える力のただなかにある。芸術は生成を生じさせるのだが、それは想像的な生成ではない。つまり、主体がそのなかに自分自身を再認することができるイメージや物語の精緻化でも、存在するものや存在してきたものに関する自己表象、物語、告白、証明でもない。芸術が生じさせる生成は、物質的な生成である。この生成のなかで、測り知れない普遍的な力は、生命に触れ、生命によって包みこまれるようになり、生命は物質性との接触を受けいれるために自分自身を折り曲げ、生命と物質は、互いにいくつかの要素あるいは粒子を交換し、それら以上のもの、他なるものへと生成する。

まさにそれゆえに、芸術は浅薄なものでも、道楽や贅沢でも、本源的なものに対する派生的な装飾でもない。芸術は身体に対する衝撃、そして身体を貫く衝撃の、もっとも生き生きとした直接的な形態であり、身体を芸術以外の仕方では知覚することも働きかけることもできない力へと結びつける、身体を横断する振動波やリズムの産出である。このことが、芸術がもつ文化的あるいは人間的な普遍性および遍在性を説明する。芸術は、文化が身体の能力を高め強度化するもっとも直接的な仕方であり、文化が感覚をつくりあげる仕方であり、それゆえ、文化が自然として特徴づけるカオティックな力に対して、文化がもっとも重く負っているものである。一方でいかなる場所においても同じ仕方で訴えかけるような、普遍的な芸術や芸術の形式——つまり普遍的な音楽や絵画——など存在しないが、他方で固有の芸術や、身体の能力を高めたり身体を強度化したりする固有の形式をもたないような文化はないということもまた真である。

芸術は、宇宙を他なるものの生成へと開くことである。ちょうど、科学が宇宙を実践的行動へと、つまり有用なものへの生成へと開くことであり、哲学が宇宙を思考への生成へと開くことであるように。芸術とは身体とコスモスのあいだの、ある環境やリズムと別の環境やリズムのあいだの共振や不協和の、もっとも直接的な強度化である。芸術とは、身体にもっとも直接的に衝撃を与えるものであり、もっとも直感的に強度化し、触発するものである。芸術とは、みずからが敷く合成＝創作平面を通して、宇宙がもっとも直接的に生命を強度化し、器官を弱体化させ、力を結集する仕方である。それは、家から宇宙への、領土から脱領土化への、「有限なものから無限なものへの」(Deleuze and Guattari 1994: 256〔『哲学とは何か』三〇四頁〕)、生き物の身体から宇宙そのものへの通路である。哲学が芸術に提供することができるものは、芸術の理論でも、芸術のいまだ展開されざるあるいは語られざる概念の精緻化でもなく、哲学と芸術がともに分かちあうものである。それらはともに、カオスにルーツをもち、方向や目的なしに振動的な宇宙の波に乗ることができ、宇宙のポテンシャルが他なるものへと生成することを可能にすることで、そして概念や変様態を通してフレーミングされることを可能にすることで、宇宙を拡大することができる。哲学と芸術は文化がカオスの内部に小空間のカオスを産出するためのもっとも強力な方法であり、その小空間においてカオスは精緻化され、感じられ、思考されうるのである。

第二章　振動——動物・性・音楽

話すことは、美しき愚行である。話すことによって、人間は事物のうえを踊り越えていく。話すことすべては、言葉が響かせる嘘すべては、なんと素敵なものだろうか。言葉の響きによって、私たちの愛が、多彩な虹のうえで踊る。

——フリードリッヒ・ニーチェ『ツァラトゥストラはかく語りき』

音楽は、人間に、それもその神経系や生命過程に働きかける……この侵入者に住みつかれ、所有された人間、自己を奪われた人間は、もはや自分自身ではない。彼は、振動する一本の弦、音を響かせる一個の音管でしかないものへと生成したのである。

——ウラジミール・ジャンケレヴィッチ『音楽と筆舌に尽くせないもの』

本章で私は、音楽の存在論の概略を提示する。その際に音楽がカオスと、そしてあらゆる生命が何とかしてカオスから抽出するもの――身体と大地の感覚――ととり結ぶもっとも基本的な関係を見ていくことにする。それは音楽が、科学とだけでなく、あらゆる芸術とも共有する関係である。その関係のひとつひとつは、実在的なもののもっとも確かな力――私たちが（身体および大地との関係のなかで）生きる力、また私たちには生きることができないままであるが、それにもかかわらず私たちに影響を与える力（カオス、予測不可能なもの、出来事）、つまり生き物としての私たちが格闘するほかない力――に対して音楽が採用する独特で特有の関係から構成される。

芸術、科学、哲学

芸術と科学、そして哲学も同じく、進化の産物である。これら進化の産物は、個体変異がもつ深く適応的な性質（自然淘汰によってその生存能力が試される）を、性淘汰、性的嗜好、そしてエロティックな快感という、過剰なあるいは非適応的な迂回によって乗っとってきた。私たちは、芸術と科学の関係を次のようなものとして理解することができるかもしれない。すなわち協力や競合としてではなく、ある意味でけっして翻訳することのできないさまざまな目標や技術を通して、共約不可能な仕方で同じ力や偶然的出来事を呼び起こすこととして。芸術と科学は互いに二者択一のものではない。芸術が「競合」したり「協力」したりするのは、他の芸術実践とだけであり、それは科学、たとえば特定の科学的学説、技術、原理が、他の科学的学説、技術、原理とだけ「競合」したり「協力」したりするのと同じことである。芸術も科学も、生けるものがカオスに対してなし遂げるような、カオスから何らかの秩序や予測可能性を、あるいは何らかの概念や質や強度の力を抽出する実践であり、その実践によって、今度はカオスが特定の生き物へと特定の仕方でひき渡されることになる。カオスとは生命の対象でも生命が交戦するものでもなく、生命の条件であり、生命を挑発するものである。すなわち生命とは、カオスが本来もっている発明的で挑発的な効果を越えて、カオスをさまざまな方向や形態へと拡張するものなのである。ようするに私は、音楽をひとつの生成として、すなわち性的特殊性をもつ生きられた身体を大地の力へと結びつけるような、コズミックでカオティックな力の他なるものへの生成として理解したいのである。

芸術、科学、哲学は、カオスにアプローチするための三つの相対的に自律した方法である。だが、それらがカオスに秩序をもたらす三つの様式であるということではない。そうではなく、それぞれが、さまざまな概念的な枠組みのなかで多くの異なる名で通っているもの——カオス、無秩序、予測不可能性、力、無限なもの、濫費、強度化、尺度なき物質性、規範なき自然——の、いくつかの要素、特徴、質を、利用したり精緻化したりする必要があるということである。これら多くの異なる名で通っているものは、私たちがそれらを知ったり制御したりしようとする際の原理が、過剰な状態にあることを指している。つまりカオスとは、秩序の不在ではなく、充満あるいは過多なのである。そして、そのような充満や過多は、カオスの一様ではない速度、力、強度に依存しており、あらゆるモデルや活動のための条件であると同時に、そのようなモデルや活動を無効にしたり変容したりするための条件でもある。[1] このようなカオス概念は、次のような概念によっても知られていたり、喚起されたりする。外、実在的なもの、潜在的なもの、世界、物質性、自然、全体性、コスモス。これらはそれぞれ、ある特定の観点からカオスを狭めて種別化するものである。カオスは、これらのいずれとも同一視されえないが、まさにそれらが混ざりあいひとつになることができるための条件であり、それらが重なりあい強度化する地点である。

ドゥルーズとガタリは、表象と言説、秩序と組織化の形式、すなわち、システムと構造に対するポストモダン的な強迫を越えて、哲学がただ概念のみを展開するということを、そしてそれが、カオスを処理し、カオスにアプローチし、カオスに触れ、カオスを動力源として利用し、カオスとともに生きるためであり、適合させられたカオスの断片を手にして、それを概念の形式へと制限するためであるということを公準化してきた。哲学とは言語哲学のことではない。つまり哲学は、世界のイメージや、表象によって媒介された一連の真理ではない。言語は哲学のなかで、哲学がなす仕事として、哲学が生産し、広める概念として、哲学が実在的なものに対して、つまり外に対してもたらす効果としてのみ価値をもつにすぎない。哲学はカオスに対処するひとつの仕方であり、カオスに真なる秩序や内的な秩序を与える方法ではなく、カオスとともに生きる方法である。

ドゥルーズとガタリがいうように、哲学が何よりもまず、概念の創造、精緻化、展開へと向けられているとすれば、科学は何よりもまず、ファンクション（「関数」、公式、アルゴリズム）を展開するものであり、それはカオスに対処しカオスを変換するためなのである。そして芸術は、カオスに応答したりカオスによって汚染されたりする仕方として、変様態と被知覚態を精緻化し、生産し、強度化する。哲学、芸術、科学は、カオスからひとつの要素、質、共立性を抽出するために、つまりカオスとともに生きるために、私たちがカオスへと投げかけるいくつもの広大な平面――ドゥルーズとガタリはそれを「脳への生成」[2]と呼ぶ――のなかの三つの平面である。私たちがさらに発明することができるであろう他の平面――技術的平面、物質的平面、組織的平面、行政的平面――もまた間違いなく存在し、そのそれぞれが、カオスの断

●1　「カオスと科学のあいだの第一の差異は、カオスに対するそれぞれの態度にある。カオスは、その無秩序によってではなく、無限速度によって定義されるのであり、カオスのなかに輪郭を現しつつある形態はすべて、その無限速度によって消散する。それは空虚であり、この空虚は無ではなく、ある潜在的なものである。それは、すべての可能な粒子を含み、すべての可能な形態を描くのだが、それら粒子や形態は、共立性も準拠もなく、いかなる結果ももたらさずに、現れてはただ即座に消失するのみである」（Deleuze and Guattari 1994: 118〔『哲学とは何か』二〇〇頁〕）。

●2　「脳とは、三つの平面の――統一ではなく――接合である」（Deleuze and Guattari 1994: 208〔『哲学とは何か』三五〇頁〕）。

片や特徴を減速させ、秩序化し、際だたせるのであり、生けるものは、そのような断片や特徴を、みずからの組織化の原理にしたがって、自分自身のためにもちいることができる。

哲学は、概念を発明することによって、カオスから共立性をつくりだす。芸術は、カオスをフレーミングし、あるいは合成＝創作することによって、感覚が生みだされ、増殖できるようにする。科学は、カオスを減速させるように機能することによって、カオスから極限、定数、尺度——予測可能性を産出するためにもちいることができる変数——を抽出する。哲学、芸術、科学のそれぞれが、カオスへの固有の関与、カオスとの固有の闘いをもっており、またそれぞれが、カオスの小さな破片を携え、その破片を通して、共立性、強度、予測可能性をもぎとることによって、みずからをカオスの裏側に位置づける。すなわち概念化し、合成＝創作し、計算するのである。

芸術、哲学、科学はそれぞれ、カオスに対してひとつの平面、ひとつの篩をたてる。つまり、そこにおいて芸術作品どうし、概念どうし、実験どうしが（それぞれ別々に）相互作用するような、歴史時間的で相互参照的な領野をたてるのである。それは、カオスを秩序づけたり支配したりするためではなく、何らかの小空間（ひとつの言説、ひとつの芸術作品、ひとつの実験）のなかに、カオスのいくつかの断片を収容するためであり、生けるものが完全に圧倒されてしまうことなく利用することができるような何らかの形式へと、カオスを切り詰めるためである。[3] カオス——それは、その絡みあった複雑性において潜在的なものである——は、そこにおいて無数の平面がつねに可能であるようなもの、すなわち、すべての平面たちの平面として理解することができる。この平面こそ、すべての作品の条件であり、作品が何らかの仕方で他の作品に対処する能力であり、作品は、それら他の作品とともにこの平面に住まうのである。ドゥルーズとガタリによれば、平面は異なる仕方で、異なる角度から、カオスを切断する。だからこそ、平面はそれぞれ唯一のもの、とり替えのきかないもの、共約不可能なものであり、それでいて、ある意味では、それらすべての平面は類似した問題、類似した出来事、類似した力に対処するのであり、そして、それら平面は、他の平面との結びつきを、そしてその結びつきが形づくる地層を、使用したり展開したりすることができるのである。

音楽と性

音楽の楽しさ（演奏するのであれ、参加するのであれ、あるいはたんに聴くのであれ）と、性的あるいはエロティックな快感とのあいだには、明白ではあるが間接的なつながりがある。あらゆる芸術のなかで、音楽は、もっとも無媒介的に感動させるもの、その効果がもっとも直感的で伝染的なものであり、鑑賞のためには、表現形式の教育や、音楽の専門教育や、背景知

◉3　ドゥルーズとガタリはさまざまな平面――哲学にとっての共立平面あるいは内在平面、さまざまな芸術にとっての合成＝創作平面、科学にとっての準拠平面――が、哲学的言説、芸術作品、科学的実験が創発するための、前哲学的、前芸術的、前科学的な条件であると主張している。

識が、最低限にしか要求されない芸術形式である。とはいえもちろん、あらゆる文化的形式と同じく、音楽が普遍的であるとか、文化的に媒介されていないと考えることはできない。音楽は、それと密接に関係しているダンスと同じく、聴き手／参加者のなかに運動や活動を産出する。音楽は長らく芸術のなかでもっとも誘惑的なものとして、もっとも無媒介的に幸福感を高めてくれるものとして、もっとも直接的に魅了する（あるいは同じく激昂させる）芸術として、認識されてきた。[4]

　音楽は、自然淘汰の働きのなかで性淘汰が演じる役割に関するチャールズ・ダーウィンの議論と理解にとって中心的なものである。性淘汰とは性的パートナーを誘引する能力のことである（しかし、性淘汰それ自体は繁殖の成功と混同されるべきではなく、たとえ性的な成功を測定することができるもっとも分かりやすい形式が子孫を残すことだとしても、性淘汰の目的は性関係そのものである）。性淘汰は、自然淘汰と協力して働くだけでなく、しばしば自然淘汰と衝突しながら機能しもするのであり、個体や種を、それらがパートナーを誘引するという点で潜在的な危険にさらす。ダーウィンは性淘汰を、雌（あるいは雄）の注意をひき、雌（あるいは雄）にであうために、同じ種の雄（あるいは雌）どうしが果たす、積極的ではあるが役にたたない競争であり、その観点から、ありふれたものではあるが、けっして普遍的なものとはみなさない。[5]ダーウィンは、雄のクジャクが羽飾りの壮麗さのせいで背負うコスト、つまり、捕食者の攻撃を受ける危険性について論じている。その危険性は、雌のクジャク――雄のクジ

ヤクよりも地味で、安全にカムフラージュしている――を誘引する能力と、正確に比例するの

◉4　ダーウィンは音楽が何よりもまず情動的《アフェクティヴ》であると指摘している。それは、情動《アフェクト》をかき立て、強度化し、高めるよう機能する。音楽は、特定のあるいは所与の感情的内容を有さないが、情動の強度化、筋肉の力の増強、感情の鼓舞、これらを生産する。「音楽は、あらゆる感情を触発するが、しかしそれ自体では、私たちのなかに恐怖や怒りなどのより恐ろしい感情をひき起こすことはない。それは、優しさや愛などのより穏やかな感じを呼び覚まし、それらの感じはすぐに献身へと移行する。それはまた私たちのなかに勝利の感覚や、戦争のための燃えあがる情熱を掻きたてもする。これらの力強くそしていり混じった感情は、崇高さの感覚を生じさせる。私たちは……何頁もの文章よりも、音楽のたったひとつの音色のなかに、より強力な感情を集中させることができる」（Darwin 1981-II: 335-336〔『人間の進化と性淘汰Ⅱ』四〇六頁〕）。

◉5　ダーウィンが、彼の同時代人や、とりわけ彼の後につづくネオダーウィニストほどには性差別主義的でもヘテロ中心主義的でもないということは重要である。ダーウィンが論じているのは、雄が雌を誘引するために互いに競争するのはありふれたことだということ、そして、雌が自分の目利きの力を行使するのもありふれたことだということである。しかしダーウィンは、雌が行使するのが、好む力よりもむしろ嫌う力であると認めている。雌がもっとも魅力的な雄を選ぶという主張とは異なり、ダーウィンは、雌が自分にとってもっとも嫌いではない配偶者を選ぶと指摘しているのである。「雌は、雄と比べれば受動的ではあるが、一般的には、何らかの選択を行使して、ある雄を他の雄よりも好んで受けいれる。あるいは……雌は、自分にとってもっとも魅力的な雄ではなく、もっとも嫌いではない雄を受けいれる。雌の側が何らかの選択を行使することは、雄が熱心であることと同じくらい、一般的な法則だとおもわれる」（Darwin 1981-I: 273〔『人間の進化と性淘汰Ⅱ』二七頁〕強調引用者）。

である。性的アピールは、魅惑するのと同じ程度に危険にさらす。すなわち性的アピールは、それが差異を生産するという点で、危険を産出するのである。[6]

進化論は、まさにそのはじまりから、音楽（そして他の芸術）をどのように考えるかという点で、二つの立場に分裂している。すなわち、音楽を言語（および、過去の戦いや狩りやさまざまな生存闘争の予行演習や表象の形式としての視覚芸術）から派生するとみなすか、あるいは、言語を音楽性の進化論的帰結とみなすかの二つに分裂してきたのである。もし音楽が言語から派生するなら、はなしは簡単で、音楽は根本的に自然淘汰にもとづくことになり、自己保存という目的に奉仕することになる。もし反対に言語が音楽から派生するなら、音楽および他の芸術は、性淘汰の、つまり配偶者を誘引する能力の産物であるかもしれない。いいかえるなら、ここで問われているのは、音楽が不真面目なもの、性的娯楽の一部にとどまるのか、それとも、生命たるものを維持するための深刻かつ必要不可欠な予行演習や準備なのかということである。音楽は、私たちが動物と共有するもの、私たちが動物から受けついだ遺産なのか。それとも人間を動物から区別するものなのか。

ダーウィンがとても強く異を唱えていたハーバート・スペンサーは、音楽を、生存のために言語使用にさずけられた利点がもたらす間接的な帰結と考えた。それによると、言語使用が発達するにつれて、その感情的な共振や感情的に高ぶった使用は、発話の韻律的あるいはメロディー的な要素を大いに強調することになり、発話は徐々に言葉から切り離され、音と結びつくようになった。音楽は言語の残余、楽しいものではあるが基本的には随伴的でしかない残余となる。スペンサーにとっては、そしてスペンサーからE・O・ウィルソンやスティーブン・ピンカーへとつながる社会ダーウィニズムの伝統全体にとっては、言語は、それが話者にさずける利益、つまり、適応の上昇や生存能力に関する利益ゆえに、何よりもまず獲得されるものなのである。音楽（そして詩）はせいぜい、言語の楽しい副産物でしかなく、私たちが言語を予行練習し、準備し、複雑化する方法でしかなく、究極的には、言語のほうが非言語的コミュニケーションよりも有用で、力強い道具とされる。音楽は、言語使用のある種の過剰、あるいは残滓と考えられることになる。

しかしダーウィン自身にとっては、音楽は言語に先だつものであり、自然淘汰ではなく性淘汰の直接的な結果である。音楽の起源は、エロティックで誘惑的なアピールにある。言語はこのような原初的には性的に精緻化された特徴の、標準化された適応にすぎない。[7] ダーウィンは、

◉6　ザハヴィは、これをハンディキャップ原理として記述している。それは、性的魅力を通して高められた身体の形態は、それがどのようなものであれ、そのような身体の形態をもつものに、捕食されることに対する脆弱性を高めるコストを負わせるという原理である。雄のクジャクは、その羽飾りが美しければ美しいほど、あらゆるものに対して目だってしまうのである。Zahavi et al. 1997〔『生物進化とハンディキャップ原理』〕を参照。

◉7　ダーウィンは、注意深く脚注をつけ、自分とスペンサーの相違を、そしてスペンサー自身の主張の奇妙さ

雄と雌の発声の仕方の違いが、二つの性の発声に関する生理学的な違い（雄の声帯は雌の声帯よりも一般に五〇パーセントほど大きい）と同じく、自然淘汰ではなく性淘汰の直接的な結果であり、それが二つの性のあいだの抑揚と音色の違いを説明すると考えた。

あらゆる種の動物が発する音は、多くの目的に奉仕するものだが、発声器官は何よりもまず種の繁殖との関係において使用され発達してきたということを示す強力な事例があるだろう。昆虫と数少ないクモは、みずから音を発するもっとも下等な動物である。その発声は一般に、美しく構成された摩擦器官の助けによるものであり、その摩擦器官は多くの場合雄のみにかぎられる。……哺乳類では……ほとんどすべての種の雄が、他のどんな時期よりも繁殖期に頻繁に声を使用する。繁殖期以外にはまったく鳴かない種もある。両性が、あるいは雌だけが、みずからの声をラブコールのために使用する種もある。

（Darwin 1981–II: 330–332〔『人間の進化と性淘汰Ⅱ』四〇二―四〇三頁〕）

ダーウィンは音楽には誘惑的で危険でさえある何かがあると主張する。音楽は強度化し、高ぶらせる。音楽は目をひく色彩や羽飾りと同様に、誘引し、魅惑し、気づかせ、見世物への注意を喚起し、見世物の一部へと生成する。そのようなものとして、音楽は、自然淘汰よりも性淘汰の領域に属している。このような誇示行動は、音を奏でる生き物にとって、身を守ることにも、有用で実践的な生存技法を獲得することにも役だたない。誇示行動は実際には、そのような生き物を積極的に危険にさらすかもしれない。それにもかかわらず、あらゆる有機体にある――聴覚システムをもたない有機体にさえある――このようなエロティックな力、実際にはおそらく振動的であろう力こそが、誘い、惹きつけ、魅了するのであり、身体を性的なものにし、器官を新陳代謝させ、それを求愛へと準備し、誘惑するのである。振動には、そして振動が物質的な身体に与える共振効果には、快感を生みだす何か、ある種の無媒介的な身体的満足を生みだす何かがある。ダーウィンにとってこのことは、彼が主張する他のあらゆることと同じくらい、普遍的公準に近いようにおもわれる。リズム、振動、共振は、楽しいものであり、強度化するものなのである。

音楽的な拍子やリズムを楽しむとまではいかないとしても、それらを知覚することは、おをのべている。「スペンサー氏は、私が到達したのとはまったく正反対の結論に到達した。彼は感情的なスピーチにおいて採用される音楽的響きをもとに音楽が発達したと考えるが、私はまさに音楽的音階やリズムが、異性を惹きつけるため、人間の祖先の男女によって獲得されたと考える。音楽的な調子は、動物が感じうるもっとも強い情熱と密接に連関するようになったため、スピーチにおいて強い感情が表現されるときは、本能的にあるいは連想によってもちいられるようになった」(Darwin 1981-II: 336n〔『人間の進化と性淘汰II』四〇六頁、注33〕)。

そらくすべての動物に共通することであり、そのことは間違いなく動物たちに共通する神経系の生理学的な特徴に依存している。みずからは音を発することができない甲殻類でさえも、ある種の聴覚的な毛を有しており、本物の音楽的な音色を浴びせられると、それが振動するのが観察されてきた。特定の音色を聴くと吠えるイヌがいることはよく知られている。アザラシは明らかに音楽を理解しているが、その音楽好きは「古代の人々にもよく知られており、今日のハンターたちもしばしばそれを利用している」。

(Darwin 1981–II: 333〔『人間の進化と性淘汰II』四〇四頁〕)

ようするにもっとも原始的な生き物においてさえ、振動には、楽しませたり強度化したりする情熱を産出し、器官を高ぶらせ、より大きな力やエネルギーを運動へと備給する何かがある。この力は、おそらく間接的にそうなる場合を除けば、生存や実践的な技法の獲得には向けられておらず、むしろ表現や強度化、性淘汰、互いの性差の増大、それぞれの性の個体が望ましいパートナーに対して行使する（あるいは行使しない）魅力や嗜好という実用的価値、これらのものと結びついている。ダーウィンは、自然淘汰と性淘汰のあいだ――すなわち、ときおり重なることもあるが普通は重なることがない、生存を可能にする技法や質と、求愛や快感を可能にする技能や質のあいだ――の根本的な区別を主張する際、種の発達や変容のなかに過剰さを導入した。種は、生存や競争のために発展した自然な集合や種類ではもはやなく、性的な嗜好、アピール、誘引が生みだす、ア・ポステリオリで、究極的には計算不可能な結果でもある。おそらくセクシュアリティは、その目的や目標の観点から説明されるべきではない（社会生物学的には、その目的や目標は、（生存する）子孫の数を最大化する（競争的な）生殖と考えられ、そこでは性淘汰は究極的には自然淘汰へ還元される）。そうではなく、セクシュアリティは、その力や効果（それらは、それほど異論なしに、不確定な快感として理解することができる）によって説明されるべきであり、そのような力や効果が、身体の強度化の形式なのである。振動、波動、変動、共振は、どんな高次の目的のためにでもなく、ただ快感のためだけに、生ける身体を触発する。生ける存在は、振動的存在である。振動は、差異化の様式であり、生物が大地そのものの力を高めたり楽しんだりする方法である。音楽は魅了するものである。だからこそ音楽は生き残ってきたのだし、これほどまでに文化的に普遍的なのである。

人間の祖先は、それが雄であれ、雌であれ、両性であれ、言語を獲得するより前に、すでに音楽的な音色やリズムによって互いを魅了していたということは、ありえなくはないようにおもわれる。……情熱的な演説家、吟遊詩人、音楽家が、変化に富んだ音楽的な音色や拍子によって、聴き手のなかにこのうえなく強い感情をひき起こすとき、彼らが、はるかな昔に自分たちの半獣半人の祖先が、求愛と競争において互いに強い情熱をひき起こしていたのと同じ手段をもちいているということは、ほとんど疑いない。

（Darwin 1981-II: 337〔『人間の進化と性淘汰II』四〇七頁〕）

ダーウィンの後につづいた者たちのほとんどにとってはそうではないが、[8] ダーウィンにとっては、私たちが音楽を鑑賞したり、音楽に関心を向けたりすることは、生命のより原始的な特徴のひとつであり、人間が動物から受けついだもっとも古い遺産の一部である。[9] ダーウィンは、おそらく皮肉なことに差異のフェミニズムを見越した観点から、声を誘惑の道具として精緻化することは、人間が十全に人間らしくなる前に、そして人間の文化が家父長的になるよりも前にすでに生じていたに違いないと主張する。そこでは、女性の声は、美しさを働かせ、男性の声ほどではないにしても、おそらくそれと同じくらい強力にアピールした。おそらく音質、トーン、ピッチ、リズム、ビート、メロディーという音楽的な操作や構成は、人間のもっとも古い霊長類の祖先にとってと同じく、人間にとってもアピールするものでありつづけている。

四手類が恋の季節にどのように声を使うのかについては、ほとんど知られていないので、人間の祖先の雄と雌のどちらが先に歌うという習性を獲得したのかについては、判断するための手段がほとんどない。一般に、女性のほうが男性よりも甘い声をもっていると考えられており、このことを頼りにするかぎり、女性のほうが先に、異性を誘引するために音楽的能力を獲得したと推測できるかもしれない。しかしもしそうならば、それが起こったのは、はるか昔、人間の祖先が十分に人間らしくなって、女性をたんなる便利な奴隷としてあつかい、評価するようになるよりも、ずっと前のことであったに違いない。
(Darwin 1981-II: 337〔『人間の進化と性淘汰II』四〇七頁〕)

音楽と動物

前章で論じたように、ドゥルーズとガタリにとっては、ダーウィンにとってと同様、芸術は自分自身の身体の外面化や、根源的に身体的なものである物質の創造とともにはじまるのではない。芸術は動物とともにはじまるのであり、それ自体が、身体やその力と領土の連接である(Deleuze and Guattari 1994: 183, 184〔『哲学とは何か』三〇九、三一〇頁〕)。ダーウィンにとって、芸

◉8　もちろん、現代にはたくさんの例外──音楽が性的な起源をもち、言語獲得から相対的に独立しているというダーウィンの仮説を肯定する進化生物学者や人類学者──がいる。たとえば、Miller 2002 を参照。

◉9　ダーウィンが示しているように、音楽と歌は、人間が他の霊長類と共有するもっとも原初的な特徴である。「人間の半獣半人の祖先が……音楽的な音色を生産したり、それを理解したりする能力を有していたかについては、歌うことと音楽がきわめて古い芸術であるからして、彼らがかなり遠い昔からそのような能力を有していたと考える十分な理由がある。詩は歌の子孫と考えられなければならないが、同じく非常に古いものなので、詩が記録が残っているもっとも古い時代のあいだに誕生したに違いないと聞くと、多くのひとたちは驚愕した」(Darwin 1981-II: 334〔『人間の進化と性淘汰II』四〇五頁〕)。

術は、質を生産的に配置することではない。芸術とは、さまざまな水準にある異質な要素をカップリングすることであり、領土の組織化と身体の力を結びつけることである。あらゆる芸術は動物とともにはじまるのであり、それというのも、機械でも心でも主体でもなく、動物こそが領土と身体を同時に形づくるからである。心や機械や主体は、それ自体が、このような身体と環境のカップリングの芸術的な生産物なのである。芸術とは、心的に捉えられようが精神的に捉えられようが、「高次の」存在の達成ではなく、古い動物的先史時代のもっとも原始的で基本的な断片の精緻化である。

ダーウィンは、自然淘汰の観点からだけでは、歌の創発も、実のところいかなる芸術の創発も説明できないと考えた。「適応度」の観点から見た、すなわち生存の観点から見た淘汰は存在するが、しかしこの淘汰はつねに消極的なものである。この淘汰は、もっとも適応度の高い集団を特権化するというよりも、むしろ適応度がゼロの集団や適応度がより低い集団を除外する。ダーウィンの議論は、音楽は自然淘汰を通してではなく、何よりもまず性淘汰を通して進化したに違いないというものである。いいかえれば、音楽が生き残ってきたのは、それが日々の生活において有用なものや実践的に価値があるものへと還元できるからではなく、まさに音楽が有用ではなく、誘発的な強度化や快感という、より曖昧な目標に奉仕するからである。音楽が発展し生き残るのは、音楽が私たちに、つまり音楽を奏でる者や聴く者に、何らかの直接的な利点をさずけてくれるからではなく、音楽が楽しませるものだからであり、他者たちを私たちへ、そして私たちを他者たちへ誘引することに奉仕するからである。

音楽的な音色の生産を楽しむことも、その生産の能力も、人間の通常の生活にはほとんど直接の役にはたたない能力であり、それゆえ、それは人間にさずけられた能力のなかでもっとも不思議な能力のひとつとして位置づけられなければならない。この能力は、たとえきわめて粗野なもので隠れた状態にあっても、もっとも未開な人種さえ含む、すべての人種の人間たちにそなわっている。

(Darwin 1981–II: 333〔『人間の進化と性淘汰II』四〇四頁〕)[10]

◉10　ダーウィンは、チャールズ・ハーツホーンの著作のなかにきわめて稀な確証を見いだす。ハーツホーンは、音楽が、役にはたたないが圧倒的に快感を与えるということに同意する。「鳥のさえずりは、音のパターンと行動のセッティングにおいて、人間の音楽と類似している。さえずりは、カオティックな不規則性と単調な規則性とのあいだの美的＝感性的な中庸を例証している。……人間の音楽との本質的な差異は、鳥のさえずりの反復されるパターンが時間的に短いという点にある。それは通常は三秒かそれ以下であり、最長でも一五秒ほどである。このような限界は原始的な音楽性と一致する。単純な音楽的技巧はどれも、移調やそれと同時に生起するハーモニーでさえ、鳥の音楽のなかに見られる。……さえずりは、ライバルの雄を退けるが、それはライバルの雄が近くにいるときだけである。そしてそれはつがいとなる雌を誘引する。即座に結果がえられなくても執拗につづけられるのであり、それゆえそれ自体がやりがいのあるものであるに違い

ダーウィンにとって、おそらく鳥のさえずりこそが、歌の性的な本性、芸術の精緻化における性淘汰の生産的な役割、装飾や演奏や上演といった芸術の相互的な絡みあい、これらをもっともあらわにするものなのである。[11] 鳥のさえずりはダーウィンにとって、本質的に音楽であり、もっとも典型的な音楽なのであり、それを人間の歌の単純化されたあるいは準備段階のバージョンとみなすことはできない。鳥のさえずりは、トーン、ピッチ、メロディー、テンポ、リズムを含んでいるだけでなく、少なくともいくつかのかたちにおいては、キーの変化や、変奏や即興の形態を表現してもいる。いくつかの種類の鳥は、九あるいは一〇ものレパートリーをもち、既存のメロディーに新たなメロディーをつけ加えたり、既存のメロディーを変化させたりする注目すべき能力をもつことで知られている。[12] 鳥のさえずりは、とりわけその鳥が経験するあるいは他の鳥に見てとる感情——恐れ、怒り、喜び、勝利——を強度化する。鳥のさえずりは雄によく見られる活動であるが、繁殖期にいちじるしく増加する。[13] 人間の歌と同じく鳥のさえずりにおいても、さまざまな感情が精緻化され強度化される。そこでは、「愛」のようなものや求愛が、もっとも共通して見られる主題として機能するのであり、そのような主題は、性的機能においてさえずりが主要な役割を演じることを確かなものとするのに貢献する。[14]

ない。それは、ひとつの限界づけられた感情的態度を表現するのではなく、チュンチュンやピイピイといったたんなる音以上の情報を伝えているのである。これらすべての仕方において、さえずりは音楽のように機能しているのである」（Hartshorne 1973: 56〔訳出に当たっては、Storr 1992の邦訳『音楽する精神』の一六頁―一七頁を参照した〕）。

◉11 ダーウィンは興味深い余談を残している。それによれば、大多数の鳴鳥は外見に関してはむしろ地味であり、大多数のエキゾチックで装飾的な色をした鳥は歌わないという。「したがって、鮮やかな色とさえずりの力は、互いにとって代わるものである。私たちは次のことに気がつく。つまり、羽がその鮮やかさに関して多様でないなら、あるいは、鮮やかな色がその種にとって危険であれば、雌を魅惑するために何か他の手段が採用されなければならないだろう、ということである。そして、メロディーをそなえるようになった声は、そのような手段のひとつを与えるだろう、ということである」（Darwin 1981–II: 56〔『人間の進化と性淘汰Ⅱ』一九〇頁〕）。

◉12 Storr 1992: 4–5〔『音楽する精神』一六―一七頁〕を参照。

◉13 「鳥においては、声は、不安、恐れ、怒り、勝利、あるいはたんに幸福感など、さまざまな感情を表現するのに使われる。それはときおり、巣のなかにいる鳥がたてるシューッという雑音のように、恐怖を煽るために使われているように見える。……しかしほとんどの鳥の真の歌や、さまざまな奇妙な鳴き声は主に繁殖期に発せられ、異性に対して魅惑として、あるいはたんに地鳴き〔call-note〕として機能している」（Darwin 1981–II: 51–52〔『人間の進化と性淘汰Ⅱ』一八六頁〕）。

◉14 「雄の鳥が、他の雄との競争において、雌を魅了するために精一杯フルボリュームで歌うとき、おそらく、これとほとんど同じような、しかしもっと弱く、より複雑ではない感情を感じている。私たち人間の歌において、愛は依然としてもっとも共通して見られるテーマである」（Darwin 1981–II: 336〔『人間の進化と性淘汰Ⅱ』四〇六頁〕）。

鳥のさえずりは多くのさまざまな機能をもたらす。さえずりは歌い手を目だたせ、特定の環境や領土の内側に位置づける。さえずりは、歌い手のなかの特定の質や技能――声の大きさ、メロディーの美しさ、変奏の数――の集合を表す。さえずりは、(潜在的な求婚者に対して)望ましいと同時に(潜在的なライバルに対して)危険でもあるひとつの領土を描きだす。[15] さえずりは当の声それ自体の働きへとつねに制限されているわけではない。というのも、ダーウィン自身が認めていたように、鳥は、そして他の動物の場合にはさらにそうなのだが、多岐にわたる音――声による音と「楽器による」音の両方――を生みだすことができるからである(ここでいう「楽器による」音についてだが、ダーウィンは、クジャクや猛禽類が自分の羽軸を振るわせたり自分の羽根を素早く動かしたりすることに触れている(Darwin 1981-II: 61-62〔『人間の進化と性淘汰II』一九四頁〕)。ダーウィンは、鳥のさえずりが、同じ種の反対の性のメンバーだけでなく、人類も含む他の種に対しても行使される、うっとりとさせる力、アピールする力について語っている。

鳥たちが互いのさえずりに一心に注意を向けていることは疑いえない。ウィアー氏は私に、ドイツのワルツを歌うことを教えられたウソについて語ってくれた。そのウソは、とても上手に歌うので、一〇ギニーもしたという。そしてこの鳥が他の鳥が飼育されている部屋にはじめて連れてこられて歌いはじめたとき、二〇羽ほどのムネアカヒワやカナリアからなる他の鳥たちの全員が、自分たちの籠のなかでそのウソに一番近い側に並び、非常な興味をもってその新しい歌い手の歌に聴きいったというのである。

（Darwin 1981–II: 52『人間の進化と性淘汰Ⅱ』一八七頁）

鳥のさえずりが人間の音楽に似ている点は数多くある。鳥のさえずりは（もっとも洗練された動物の音楽――クジラの音楽――と同じく）、普通は生得的なものではなく、学習されるものであり、いくつかの信号からなる固定されたレパートリーではなく、いくつものトーンからなるメロディーの運動である。鳥のさえずりが普通は学習されるものであるということは、繰りだされるさえずりが同時に、新たに学習された要素の追加を通して、あるいは既存の要素の

◉15　ダーウィンは次のように主張している。愛の季節は闘いの季節でもあり（Darwin 1981–II: 48〔『人間の進化と性淘汰Ⅱ』一八四頁〕）、性的パートナーの獲得と関係する精緻化された求愛の儀礼にともなわれるのは、あるいはそのような儀礼の裏面として結びついているのは、同じ性や種のメンバーとの実際の敵対関係ではなく、少なくとも敵対関係の見せかけであり、敵対関係の表象であると。求愛の競争においてライバルとなる雄のあいだに、激しい競争が起こることもあるが、ダーウィンは、そのような関係の多くが、とりわけ鳥の種の場合には、他の雄との現実の危険な敵対関係へとはいっていくことにではなく、その競争を観察している雌の注意にこそ向けられていると主張する。敵対関係はしばしば、いくらかは、観客に向けられているのである（Darwin 1981–II: 50〔『人間の進化と性淘汰Ⅱ』一八五頁〕を参照）。

変容を通して変化しうることを意味する。人間と同様、鳥（そしてクジラ）は、若ければ若いほど、新しい歌や新しい音楽的要素を学習しやすく、即興で歌う技能の幅は、新しい音や鳴き声をいつ獲得したのかに依存している。ダーウィンは人間と鳥の類似を、そして歌についてのより精緻な考え方を展開する可能性を力説する。それは鳥のさえずりの要素的な断片が、ひとつのより複雑なメロディーへと段階的に精緻化されていくという考え方である（「最初はたんなる叫びとして、あるいは他の目的のために使われていた鳥の音色が、段々と改良されて、メロディーをそなえた愛の歌になっていくような段階を想像することは難しくない」（Darwin 1981–II: 66〔『人間の進化と性淘汰Ⅱ』一九八頁〕））。しかし今日の進化論の理論家のほとんどが、人間の歌と鳥のさえずり（そしてクジラの歌）を、音楽の線形的発展における漸次的段階としてではなく、収斂進化の要素とみなす傾向にある。[16]

鳥のさえずりと人間の音楽とのあいだに、直接的な発展のつながりがないということははっきりしている。なぜなら、鳥と人間とのあいだにつながりがないからである。ここでの私の主張は、鳥が人間に影響を与えているということではなく、鳴鳥（やクジラの歌）が、その雄弁さに関する新たな何かを、新たな芸術を、つまり（音声的な）質と環境の新たなカップリングを成し遂げているということであり、その新たなカップリングが、新たな音楽的な要素や素材――メロディー、リズム、肯定的な音楽のコンテンツ――の生産であるだけでなく、世界それ自体の、嗜好、アピール、身体的なもの、快感、欲望の力――まさにあらゆる芸術の背後にある衝動――への開放でもあるということである。
音楽と芸術が示しているのは、(性的な)嗜好やエロティックなアピールが、生存を目的とした実用的な世界には――もちろんひとつの限界としてその広範な原則に従属してはいるが――還元されえないということである。すなわちそれらが示しているのは、「リアルに生きる〔really live〕」生物、生命を強度化する生物が――自分自身のために、強度化や感覚のために世界に新たな何かをもたらすということ、自分自身を強度化し経験すること以外の目的をもたない何かを創造するということである。音楽と芸術は、判断され遂行された行動からなる有用性の世界を質へと開くものであり、生命を嗜好へと、セクシュアリティへと、エロティックなアピールへと、過剰さへと開くものである。まさに自然の世界こそが(進化論の科学者たちのあいだで共通して認められているわけではない仕方で)音楽の働きにとって中心的であるのだが、それらの働きのあいだの結びつきは、模倣や線形的な発展とはいえないものかもしれない。しかし音響芸術を生みだす生き物の運動だけでなく、自然やそのさまざまな連接としての対位法の運動にもつきしたがうならば、自然界それ自体を、音楽的なものとして考えることができるかもしれない。つまり、いくつかの音楽的主題から、二重奏、三重奏、四重奏、オー

◉16　音楽の非人間的な起源というダーウィンの公準に対する批判としては、スティーヴン・ミズンの『歌うネアンデルタール』(Mithen 2005)を参照。

ケストラの楽章を演奏し、自然のソナタ、愛の歌、鎮魂歌を創造するものとして。

おそらく、このような自然の音楽それ自体が実行され、演奏されるのは、人間の音楽性の構成や、作曲や演奏の形式的な原理の採用においてだけでなく、身体図式それ自体と、自然それ自体のなかで制定される生きられる環境とのあいだの、対位法的関係においてもである。いいかえれば、人間主体における声と耳は、互いに対位法的に結びついているのではないだろうか。耳それ自体が、声によって連続的に脱領土化されたリトルネロではないのだろうか。[17]

対位法としての自然

エストニアの生命記号論者ヤーコプ・フォン・ユクスキュルの著作は（それが、動物の生活についての現象学あるいは生命記号論を展開するもっとも初期の試みとして考えられうるという意味において）、特定の種の動物の生活世界や環世界について研究する者たちとドゥルーズとガタリの著作の両方に影響を与えてきた。ドゥルーズとガタリは、特定の種がどのようにその種独自の生活世界を経験するのかを理解する際に、環境の中心性と、種に特有の環境という考えとを説明するためにユクスキュルの著作をもちいている。種はみずからがそのなかにいることを見いだす環境から、完全に切り離されたものとはみなされえないのであり、それというのも、これらの環境は、ある種の共進化に巻きこまれているからである。ユクスキュルは、自身が「自然の音楽的法則」（*Weltgesetz*）として理解しているものについて論じている。その

「法則」とは、クモとハエ、ダニと哺乳類、スズメバチとラン、キンギョソウとマルハナバチ、これら二者の発展を、あるいはむしろ共進化を結びつけるものである。これら二者の「それぞれが、互いに他方にとってのモチーフとして機能する。音楽としての〈自然〉。……メロディーのあるいはリズムの平面」(Deleuze and Guattari 1987: 314〔『千のプラトー』中、三二五頁〕)。ユクスキュルにとって、音楽は、所与の環境の内にある生ける要素のあいだの、きわめて文脈特定的な関係を理解するのに役だつたんなる隠喩なのではない。音楽は、それによって自然が、たんに固定され、カテゴリー化され、表象されたものとしてではなく、ダイナミックな、集合的＝集団的な、生きられたものとして理解されるような、ひとつの文字どおりの形式なのである。

ユクスキュルは、ある動物が、所与の環境のなかに完全に浸かっているのではなく、せいぜいその動物にとって意味をもつ特徴と、つまりはその動物自身の器官とある意味で対位法をなしている特徴と関わっているにすぎないと論じている。あらゆる種の有機体は、そのそれぞれが、みずからの環世界にとり囲まれている。つまりいかなる環境であれ、その環境からもたらされる情報とエネルギーを、つねに著しく単純化するものとしての、「感官の島」(Uexküll 2001a: 107) にとり囲まれている。有機体の環世界は、その有機体の器官とまったく同じだけ

◉17 「耳はそれ自体がひとつのリトルネロであり、リトルネロのかたちをしている」(Deleuze and Guattari 1987: 302〔『千のプラトー』中、二九七頁〕)。

複雑である。ここでユクスキュルは、極端なパースペクティヴィズムを提唱している。それによれば、対象とは、質や量の自律的あるいは独立した集合ではなく、関与の機会であり、この機会が、対象それ自体を特定の仕方で特定の器官に提供するのであり、さもなければ対象は識別不可能なままにとどまる。[18] 有機体とは感官の円蓋であり、外延を同じくして重なりあっている生物と環境の断片からなるモナドであり、この感官の円蓋あるいはモナドは、要素を携えながら閉じている。私たちは、有機体を、音楽的な対位法として理解することもできるかもしれない。それは、外にのみ与えられる対位法、有機体それ自体がそれに対する見事なそして独創的な応答であるような対位法である。

おそらく、ユクスキュルが提示するもっともよく知られた例、そしてドゥルーズがいくつもの著作のなかで繰り返し言及する例は、みずからの環世界のなかにいるダニの例である。そのダニは、目が見えず、耳が聞こえず、口がきけない。何も見えないし、聞こえない。せいぜい、感光性の皮膚をつうじて温度を感じ、鋭いけれど焦点がかなり限定された匂いの感覚をもつにすぎない。雌のダニは、交尾した後、光に向かって木の大小の枝を登っていくのだが、そうすることで、血液を吸う必要のある哺乳類の身体にアクセスできるようポジショニングをする。雌のダニの嗅覚器はよく発達しており、特定のただひとつの匂い、つまり酪酸の匂い——あらゆる哺乳類の汗に共通して含まれる匂い——を、識別するよう方向づけられている。この匂いをもつものが、ダニがとまっている葉や枝の下を通ると、そのダニは哺乳類の皮膚のうえへと落下し、いくぶん毛が少ない場所を探し、そこで血を吸うのである。動物の温かさが、ダニが吸血を開始するひき金となり、これによってダニは多くの血を吸うことができる。豆程度の大きさにまで膨らむと、ダニは動物から離れ、卵を産み、死ぬ。そしてダニのライフサイクルが再びはじまるのである。

伝統的な生理学的あるいは生物学的な説明であれば、これらの行動が反射からなりたっていると主張するだろう。すなわち、それらの行動は、特定の刺激に対する自動的な反応であり、あらかじめ与えられた行動のきっかけが作動することだと。しかしユクスキュルにとって重要なのは、ダニが因果的な刺激にではなく、むしろ知覚信号つまり意味に反応しているということである。[19] ダニの世界は、三つの情動からなりたっている。酪酸の匂い、太陽や哺乳類の皮膚

◉18 「あらゆる対象は、異なる環世界へとはいっていくやいなや、完全に異なるものとなる。私たち人間の環世界においては花の支柱である花茎は、液体を吸って泡でできた巣をつくる牧草地のアワフキムシ（Philaneus spumarius）にとっては、液体でいっぱいの管となる。その同じ花茎が、アリにとってはうえに登るための経路となり、巣と花のなかの狩り場とを結びつける。放牧されている牛にとっては、その花茎は大きな口で食むおいしい一口の食料の一部となる」（Uexküll 2001a: 108）。

◉19 「私たちは（哺乳類の毛によってひき起こされる）機械的な刺激や皮膚の温度の刺激には関心をもたないのと同様に、酪酸の化学的な刺激にも関心をもたない。私たちが関心をもつのはただ、哺乳類の身体の質から発する何百もの刺激のうち、三つの刺激だけがダニにとっての知覚標識の担い手となるという事実である」

の温かさ、血の味の三つである。ダニと哺乳類は、ある種の暫定的な全体性を、つまりひとつの円蓋‐世界をつくりだす。哺乳類は、ダニがそのメロディーを奏でなければならない歌曲なのである。ダニは、自分がそのうえに落ちる哺乳類のさまざまな質を識別することはできないし、自分がとまっている枝が自分とは別様に構造化された有機体に対してもたらすことができるかもしれない莫大な量の情報を知覚することもできない。ダニはひとつの単純化された世界を生きている。それはそれ自身のリズムとメロディーからなる調和的な世界である。そのメロディーは、ダニの環世界――哺乳類‐枝‐太陽の連接――によって合成＝創作されるものであり、そのなかでダニはひとつの連結物であり、ひとつの楽器である。動物それ自体がある種の創造的な反応――その環世界によって与えられる楽譜の即興演奏――なのである。「普通の動物の環世界はすべて、自然の非の打ちどころがない楽曲である。あなたは、その主題と音色を見つける方法を理解しさえすればいい」(Uexküll 2001a: 120)。

他に、ミツバチの例をとりあげてみよう。ミツバチもまた、ひとつのきわめて単純化された世界を、つまり視覚と嗅覚からなる世界を生きている。その世界のなかでミツバチが視覚的に識別できる標識は二種類だけである。一方は、閉じているつぼみから開いている花を区別することを可能にするような、開いた形態と閉じた形態、丸い形と半円の形に関する標識であり、他方は四つの基本色――紫色、青色、緑色、黄色――に関する標識である。ミツバチはまた、多くのさまざまな種類の匂い、つまり多くの花の香りによって埋め尽くされた世界にも生きている。ユクスキュルが論じるには、私たちは、ミツバチの環世界の主題を十分に理解すれば、ミツバチにとっての知覚標識の性質と形式、ミツバチの環境に対する適合の形式、すなわち、ミツバチが自分にとって意味のある環境の要素を能動的に選択していること、これらのことを理解することができる。ミツバチが奏でるメロディーは、花のメロディーであり、花のライフサイクルであり、ミツバチはその能動的な部分なのである。[20]

ミツバチにとって音楽の主題は、花蜜と花粉を集めることである。花蜜と花粉を見つけるためには、それらへと通じる経路が知覚標識によってしるしづけられていなければならない。このことは花々の特質——それらはハチにとっての形態、色、匂い、味の知覚となる——の選択を説明してくれる。ミツバチにとっての牧草地は、人間にとっての牧草地とはまったく異なる。それはハチの音色からつくりあげられたミツバチの楽曲である。

(Uexküll 2001a: 120)

(Uexküll 1957: 11〔『生物から見た世界』二一頁〕)。

[20] 「知覚標識の数と性質は、その動物の環世界が奏でている音楽の主題(Lebensmusik)を知るやいなや、ある程度予測されうる」(Uexküll 2001a: 120)。

ユクスキュルにとって、自然の音楽は、生ける有機体によって合成＝創作されるのではない。つまりそれは、人間に固有の創造性を動物に当てはめる、ある種の擬人化的投影ではない。自然の音楽とはむしろ複数の環世界であり、有機体を奏でる非常に細かく分割された環境の断片である。有機体はその環境が当の有機体のために合成＝創作する楽曲を精確に奏でるために、より大きなオーケストラにおいて奏でられる楽器にも似た器官をそなえている。人間を含む生き物のひとつひとつが、メロディーの展開の線、対位法の楽章であり、それらは、当の生き物にとっての対象によって、つまり世界が当の生き物のために光を当てたり目だたせたりする質によって与えられるような、より大きく複雑な楽章から合成＝創作されるシンフォニーのなかにある。ひとつのものとして捉えられた有機体とその環世界の両方が生存の単位なのである。それぞれの有機体は、その楽曲によって完全に支配された音楽家であり、皮肉にもその有機体がひとつの役割、ひとつの声、ひとつのメロディーでしかないようなより大きな演奏のなかのひとつの楽器にすぎないのである。[21]

有機体の環境は、有機体の質の精緻化における決定因ではなく、質はランダムに創発する。むしろ、有機体の環境は、ランダムに創発する質を最大限に利用するよう有機体を絶えず挑発するものである。有機体とはそのような挑発に対するひとつの暫定的な応答である。有機体は、この高度に様式化された周囲環境から、その身体が必要とし利用できるものを抽出することができるが、それと同じだけ多くの感官、器官、行動を生みだすのである。有機体は、環境の効果や産物ではなく、みずからの環世界の支配者であり、その環世界を通して周囲環境を占有したりその一部になったりすることができる。有機体は、ここで刺激と同一視される環境に対する反応ではない。生物は、生存するためには、つまり食物や敵や可能なパートナーを認識するためには、あらかじめ与えられたある対位法と調和しなければならないのだが、環境とはまさにそのような対位法なのである。

最後の例は、このことをより明確にする助けとなるかもしれない。ユクスキュルは、クモの巣の生産を、ハエの運動に対するある種の空間的対位法として論じている。その巣は、完全に

◉21　有機体を、その環境――みずからの領土を合成＝創作するようになる環境――に対するメロディー的な対位法とする考えは、ユクスキュルの著作のなかで多くの例を通して精緻化されている。たとえば以下のとおり。「細胞という音楽家の楽曲への依存は、ドリーシュによるウニの実験からすでに明白なものだった。ウニの胚を半分に切ることで、細胞の数が半分になったが、楽曲づくりは変わらなかった。この楽曲づくりは、残りの半分の細胞によって継続された。このことは、あらゆるオーケストラに当てはまる。音楽家の半数がいなくなっても、オーケストラの残りの半分は、同じ楽曲を演奏しつづける。シュペーマンは驚くべき実験について報告している。通常はカエルの脳へと発達するカエルの細胞を、イモリの幼生の口の部位に挿入すると、その挿入された細胞は、イモリの幼生の口に関わる楽曲づくりにしたがうが、しかし元々はカエルの細胞であることに忠実に、イモリの口ではなくオタマジャクシの口になる。弦楽合奏団でも、似た実験を行うことができるだろう。ある楽章でヴァイオリンをホルンにとり替えると、そのオーケストラは同じ楽曲を演奏しつづけることができるが、それはまったく異なる音色の質をともなうのである」(Uexküll 2001a: 121)。

包囲するものではなく、その形態は、私たちがそれとハエとの関係を理解していないならば、十分に説明されない。巣の糸は、獲物を捕獲するのに十分な強さがなければならないが、獲物がそれに気づかないほどに見えないものでなければならない。たとえば、どのクモの巣にも二種類の糸がある。一方は、クモがそのうえにたったりそこを起点に向きを変えたりすることができる平滑的で放射線状の糸であり、他方は、ハエ（や他の獲物）を捕える機能を担う粘着性で平行線状の糸である。網の大きさ、つまりその穴や格子の大きさは、ハエの大きさと正確に同じ寸法になっている。ハエはクモの巣に対して対位法的なのである。あるいは、同じことだが、ハエ、クモの巣、クモは、ひとつの特異なカップリングを形づくるのであり、特定のペアリングや特定の産物を質的に生じさせたり、それらペアリングや産物のために質的に選抜されたりする、そんなひとつの環境を形づくるのである。クモの巣のような「生命なき事物の特質が、生き物のデザインに対位法的にはいりこむ」（Uexküll 2001a: 122）のである。ユクスキュルにとって重要なのは、有機体とその環世界の関係を音楽的なシンフォニーとみなすことができるだけでなく、まさに進化的な関係——自然淘汰と性淘汰の両方を説明する関係——もまた、自然の音楽的秩序の一部と考えうるということである。たとえば雄-雌の関係、つまり性的差異および性淘汰の関係は、二重奏として、二つの異なるメロディー、二つの異なるリズムの、ひとつの楽曲への混合として、互いに織りこまれている。「雄-雌の二重奏は、幾千の変奏をともないながら生き物の世界のオーケストラへと織りこまれたひとつの主題である」（Uexküll

2001a: 118)。そして「雄と雌が自然を通して対位法的に合成＝創作されていることは、誰も否定しないだろう」(Uexküll 2001a: 122)。

自然が少なくとも二つの生物学的に結びつけられた音楽的主題のあいだの対位法的関係とみなされうるとすれば、すなわち、少なくとも二つの異なるメロディーのあいだにある一音ごとの調和的関係とみなされうるとすれば、環境あるいは周囲環境は、生ける有機体から完全に切り離されていたり、その外側にあったりするのではない。それらは有機体の身体にとって利用可能な音楽的拍子によってすでにマッピングあるいは合成＝創作されているのである。ハエは特定のクモが特定のハエと出会う以前から、すでにマッピングされ、信号化されており、ハエの場所はクモの身体的な振舞いと調和している。メロディーはそのリズム、テンポ、ハーモニーを継続するために必要な楽器を探し求めながら、奏でられつづけていく。しかし変わらずに核心でありつづけるのは、それぞれの音楽的運動〔楽章〕にとって厳密に正しい楽器を見つけることではなく、手元にあるものが何であれ、それによって演奏をしつづけること、つまりある種の音楽的ブリコラージュである。この音楽的ブリコラージュのなかで、中心的な音楽的主題は演奏されなければならないし、その音楽的ブリコラージュのなかでは、有機体の身体はそれ自体が楽器なのである。

環境と領土

音楽を、あるいはそれだけでなくあらゆる芸術を構成しているものは何か。私たちがすでに示したとおり、それは二つのまったく異なる秩序のカップリング、すなわち身体的な変様態あるいは被知覚態の秩序と、大地あるいは領土の地質学を支配する秩序のカップリングである。芸術はつねに、コスモロジカルな秩序から抽出された要素と、生きられた経験あるいは有機体の振舞いへのそれら要素の統合のカップリングである。芸術が環境あるいは領土と身体のカップリングの帰結であり、その予期せぬ、予測されえない結果であるかぎりにおいて、また、芸術が形式（の歴史）の構成を通してフレーミングされる質――音響的な質であれ、視覚的な質であれ、触覚的な質であれ――の抽出であるかぎりにおいて、芸術は動物的なものである。私たちはすでに、芸術、科学、哲学、カオスのあいだの関係について言及した。それによれば、私たちのカオスへの浸透と、人類がこのカオスの要素を組織化し、構造化し、マッピングするためにとり組んできたさまざまな試みは、つい最近になってはじめて、これら知識や社会的実践〔哲学、科学、芸術〕の精緻化と発展にいたったのだった。より原始的な段階では、カオスは、生命の精緻化を通して、みずからをまさに、個体変異（生ける個体、変異する亜種、異他的な種）と自然淘汰（周囲環境、生態学的ニッチ、環境、領土）を定義するダーウィン的な単位へと分割してきた。しかしユクスキュルが私たちに示してきたように、進化的な精緻化の遂行には、個体変異である有機体が、みずからの内に、環境が当の有機体を通して際だたせ演奏することを選んできた楽譜や共振のようなものを含んでいる必要がある。

　このような音楽の存在論を説明するには、コスモロジカルな秩序を構成する力の渦巻くカオスを減速させ、最小限構造化し、境界画定し、名づけ、図式化し、利用する運動について論じる必要がある。大地とは、カオスのなかの、あらゆる既知の生命が住まっている領域である。それは、振舞いの構造化のための、もっとも秩序づけられているが馴染み深くもある場所である。しかし大地そのものは、少なくともひとつひとつの種が問題となるかぎりは、ひとつの抽象でしかない。なぜならば大地をひとつの全体性として構成するエネルギー、力、運動の大部分は、個々の生命形態にとっては識別不可能であり、個々の生命形態は、せいぜいひとつの限られた地理学的および気象学的な範囲内で入手可能な要素や断片のみを知覚し、それにアクセスすることができるだけだからである。大地が地球上に生きるあらゆる生命のためのコスモロジカルなフレームだとすれば、いかなる生命形態も大地そのもののうえでは生きることができない。生物は大地のひとつの領域にのみ、つまり、より大きな周囲領域の内部にある、ひとつの境界画定された場所、ひとつの環境、小さいけれどつねにその位置を確認できるゾーンにのみ生息するのである。

　しかし環境はまだ領土ではない。環境とはハエが生息するところのことであり、つまり、意味をもつ要素や質——獲物、ライバル、愛の対象、等々の標識——を通して際だたされる、不確定ではあるが限界づけられた空間のことである。ドゥルーズとガタリにとって、芸術は、ひとつの領土と質の連接からのみ発するのであり、環境は、領土に特徴的な性質のほとんどを供給しはするが、いまだ領土ではない。クモが環境と一緒になることによって、領土が構築されるのであり、その領土のエンブレムと立札が、クモの巣なのである。ひとつの領土がひきだされてくるのは、ひとつの環境からであり、私たちはユクスキュルから、ひとつの環境がどれだけみずからを身体的な器官やプロセスの対位法として刻みこんでいるのかを学んできた。ひとつの領土は、ひとつのリズムの力にしたがって、ひとつの環境を境界画定する。ひとつの領土は、ひとつの限界づけられた環境と、身体の制限された範囲と、身体の運動の、リズム的な同盟である。[22] リズムと環境は、その両方が、カオスの要素を減速させるものであり、それらを暫定的に形式化するものである。環境、すなわち時空のブロックの凝固と、リズム、すなわち周期性の創発は、創発的な領土性のブロックから切り離すことができない。

ひとつの領土は、ひとつの環境の境界画定であり、また、多くのさまざまな環境の圧縮であり小型化である。地理学的な要素、周囲環境の性質、物質的な特徴、多くの環境から転じてきて再組織化された断片（カオスそれ自体はあらゆる環境の環境にすぎない）、これらの外的な総合すなわちブリコラージュこそが、内と外の両方を、一方から他方への通路を、外にあり競合しつつ付加される空間を、ひとつの資源をつくりだす。つまり内の凝集、外の領域、一方から他方への出入口、そしてそれらがみずからを再構成し再編成することを可能にするエネルギーの蓄え、これらをつくりだすのである。[23] このことが意味するのは、生命がひき起こす予測不可能な並置がなければ、いかなる領土も環境も存在しえず、ただカオスだけが、外だけが存在しうるだろうということである。そのような環境の断片や要素――色、形状、物質、植物、地理学的な特徴――は、それらが機能的な仕方、因果的な仕方、予測可能な仕方で働かなくなるときにだけ、すなわち、それらと生物の関係が自然淘汰のみによって統制されるのをやめるときにだけ、表現的になり、リズムを獲得し、次元をもつようになる（Deleuze and Guattari 1987: 315〔『千のプラトー』中、三二六頁〕）。いいかえれば、リズムと環境が凝集し、相互の内的関係を形づくり、互いに一体になることを誘発し、そのリズムがいまやひとつの領域の特定の一時的な形式として機能するときにのみ、ひとつの領土が創発し、芸術の生まの素材が噴出し、芸術の条件である脱領土化のプロセスが開始することができるのである。領土は新たな機能が噴出

◉22 「領土とはまさに、環境とリズムを触発し、それらを「領土化する」ひとつの行為である。領土とは、環境とリズムの領土化の産物なのだ」（Deleuze and Guattari 1987: 314〔『千のプラトー』中、三二五頁〕）。

◉23 「ひとつの領土は、あらゆる環境からとりこみ、それらに食いこみ、それらを身体的に差し押さえる（しかし領土は侵入に対しては脆弱なままである）。それは複数の環境のさまざまな局面や部分から打ちたてられる。ひとつの領土それ自体に外部環境、内部環境、媒介的環境、付加的環境が含まれている。そこには、住居やシェルターとなる内のゾーン、その領域となる外のゾーン、多かれ少なかれ撤回可能な限界や膜、媒介的なゾーンや中性化されたゾーン、エネルギーの蓄えや付加がある」（Deleuze and Guattari 1987: 314〔『千のプラトー』中、三二五―三二六頁〕）。

することを、そして新たな力が再結集することを可能にする。

領土と質はひとつの運動の二つの側面である。どちらも、環境あるいは領域とリズムの共振なしには存在しえない。領土とは、感覚的な質、しるし、ユクスキュルの言葉でいうところの意味、これらの噴出のための背景や文脈ではなく、むしろ、しるしや、感覚や、質こそが、領土が現れることを可能にする。「領土化とは、表現的なものになったリズムの行為、あるいは質的なものになった環境の成分の行為である」(Deleuze and Guattari 1987: 315〔『千のプラトー』中、三二七頁〕)。領土は根本的に芸術的なものであり、自然淘汰された「なわばり意識〔territorial imperative〕」の帰結ではなく、芸術的な運動の帰結である。領土はしるしの創造なのである。最初の芸術家とは、ドゥルーズにとっては建築家である。つまり、先に論じたように、外から内を区別し、境界をひく者である。この境界は、自己防御的なものではなく、エロティックなもの－所有を表すものである。それは、演奏のステージ、魅惑のアリーナ、誘惑のための舞台装置を定義するのであり、これらステージ、アリーナ、舞台装置が、異他的な要素を、つまりこれ以外の仕方では関係づけられることがない要素を、ひとつに結びつける。[24] すなわち、メロディーとリズム、一連の所作、お辞儀、会釈、木やとまり木、巣、開けた場所、ライバルとなる聴衆たち、求愛される者となる聴衆たち、これらをひとつに結びつけるのである。

領土は、二重の〔なわばり〕意識にしたがって作動する。つまり、一区画の大地との所有的関係と、解き放たれたあるいは新たに入手可能となった特質〔所有〕との質的な関係に応じて作動する。それらは、表現的な特質〔所有〕と離脱可能な質である。「環境の成分は、質であると同時に所有物、quale であると同時に proprium になる」（Deleuze and Guattari 1987: 315〔『千のプラトー』中、三二七頁〕）。リズムとはさまざまな環境のあいだの差異的＝微分的な関係のことであるが、そのようなリズムが、領土や表現的な特質をつくりだし、所有をしるしづける。ある鳥たちの鮮やかな色づきは、ダーウィンによればその鳥たちのさえずりの能力が乏しいことを意味する傾向にあるが、そうした鮮やかな色づきこそが、群居するが地味な色づきの鳥から、領土を形づくる鳥を区別するのである。それはほとんど、あたかもそれぞれの鳥が、多くの仕方によってではなくむしろひとつの特定の仕方によっておびき寄せたり誘惑したりすることができるだけ、強度――音響的なものであれ視覚的なものであれ――を含むことができるにすぎず、それ以上の強度は含むことができないかのようである。さえずりは明らかに、色づきと同じくらい領土をしるしづけるものである。さえずりと色づきはそれぞれ魅惑の形式であるが、その

◉24 「芸術家。最初に境界標を立て、しるしをつくる人物。所有は、集団的なものであれ個人的なものであれ、そこに由来する。たとえ所有が戦争や圧制のためである場合でも。所有は根本的に芸術的なものであり、それというのも、芸術は根本的にはポスターであり立札だからである。ローレンツがいうように、珊瑚礁の魚はポスターである。表現的なものは、所有的なものとの関係において第一のものである。表現の質、あるいは表現の質料は、必ずや専有化するものであり、存在することよりも深い与えることを構成する」（Deleuze and Guattari 1987: 316〔『千のプラトー』中、三二九頁〕）。

魅惑は、他の空間から区別される時空においてのみ、そして他の種、捕食者、自分自身の種にとってのライバル、これらの危険や妨害から区別される時空においてのみ、その効果を発揮できるような魅惑である。[25] 鳥たちのしるしづけ、その音響能力は、ひとつの領土の獲得を解き放つ質であるとともに、ひとつの領土の獲得によって解き放たれる質でもある。

重要なことは、そしてとくに皮肉なことは、今日までもっとも長く生きつづけているネイティブの民衆、すなわちオーストラリア中西部の砂漠に住まう伝統的な先住民の集団のなかでこそ、ひとつの領土の構成と、リトルネロの噴出および音楽へと生成しようとするその衝動のあいだの相互作用が、はっきりと気づかれているということである。それはあたかも、人間が動物の領土性との途切れることのない結びつきを維持しているかのようであり、また人間の領土性が、人間が動物へと生成できる範囲に依拠しているかのようである。このことは、ブルース・チャトウィンが、『ソングライン』(Chatwin 1987) という注目すべきテクストのなかで概説している、いわゆるソングラインなるものを説明してくれるかもしれない。この書物は、ひとりの「ヨーロッパ人」の部外者の観点から、伝統的なアボリジニの人々と彼らの土地の関係を説得力のある仕方で描くものである。その関係は、私的所有とみなすことはできないとしても、実のところ所有あるいは管理によってしるしづけられる関係である。大地の力や特徴と、身体を生みだす力や特徴のあいだに、直接的な結びつきがあるがゆえに、また、大地が身体のなかにすでに直接的に、対位法的に刻みこまれているがゆえに、身体は大地とそのあらゆる特徴を歌うことができるのである。そして、身体と大地の両方が、これらの特徴を維持し気を配るべき自分たちの所有物としてしるしづけ、またそれだけでなく、大地とその特定の質から身体が受けている恩恵と、それらに対する身体の類縁性をしるしづけもする。ソングラインとは、大地とそこに住まう身体の両方を切り開いたり、それらに刻みこんだりするいくつもの線である。ソングラインとは、次章でさらに詳しく論じるように、ある民衆とひとつの領土をまずは切り離しそして合流させる、そしてある民衆をひとつの領土を通して運動へと合流させるいくつもの線である。

トーテムの祖先たちは、有史以前のドリームタイム〔アボリジニの創世神話の時代をさす〕のあいだ、その地を旅しながら、彼らが出会ったあらゆるもの——あらゆる生物、つまり植物と動物、あらゆる自然の特徴、すなわち川、山、谷——の名前を歌いあげ、領土を歌うことで文字どおり領土を存在させることになる。その言葉、リズム、メロディーの軌跡が、ダンスや描かれた形態、宗教的および文化的な儀礼とともに、この原初の起源——自然の環境とカオスの力から

◉25　「領土とは、何よりもまず、同じ種の二つの存在の危機的＝臨界的距離のことである。あなたの距離をしるしづけよ。私のものとは、何よりもまず、私がもつあらゆる距離のことである。私が所有するのは距離だけである。誰も私に触れるな、もし誰かが私の領土にはいってくるなら、私は怒鳴り、立札をたてる。危機的＝臨界的距離は、表現の質料にもとづくひとつの関係である。扉を叩くカオスの力を遠ざけておくことが問題なのである」(Deleuze and Guattari 1987: 319-320〔『千のプラトー』中、三三六頁〕)。

出現する領土の起源、この領土によってしるしづけられ、この領土と結びつけられた、個人の身体および民衆の身体の起源——を記念し、祝福するのである。「少なくとも、理論上は、オーストラリアの全土をひとつの楽譜として読むことができた。この地では、歌うことができなかった、あるいは歌われたことがなかったような岩や小川はほとんど存在しない」(Chatwin 1987: 13〔『ソングライン』二七頁〕)。その土地それ自体、先住民の民衆の領土、実際にはあらゆる集団のあらゆる領土が、歌を通して、そして歌としてマッピングされる。それは、敵やライバルの前では歌うことができない歌、その土地や他の集団を触発する力をもつ歌である。ひとつの歌は、大地を歌い、ひとつの身体を歌う。ひとつの歌は、ひとつの身体を大地へともたらし、その土地をその身体へともたらす。そうすることで、歌は、一方が他方のまさに核心に触れることを可能にし、過去の物語を歌いながら、新たな未来、大地の新たなしるしづけ、身体と領土の新たな銘刻をもたらすのである。[26] このことが、ロマンティックな「オリエンタリズム」として、つまり理想化され美化されたネイティヴの他者にのみ触れる物語として解釈されないために、次のことを明確にする必要がある。すなわち、領土の占有は、それが戦争の帰結であろうと管理の帰結であろうと、身体の力と領土の自然の力のある種の結合を要求するのだが、以下に述べるように、音楽こそが、そのような結合をもっともよく成し遂げるということである。音楽はいくつもの軍隊を無数の戦争へと導いてきたし、レジスタンスの心だけでなく、おびただしい数の過去および現在の愛国者の心をも掻きたててきた。実のところ、戦争音楽の歴史、愛国心を掻きたて強化するのにもちいられる音楽の歴史、あらゆる軍人に身体の力をひき起こすことができる音楽の歴史が、なお書かれることを待ちつづけている。あらゆる民衆が、大地と自分自身の身体を歌うことで、大地と自分自身の身体を存在させる。そしてそれは、自分自身の身体とその身体が必要とするものに結びつくような、あるいはそれらと対位法をなすような、大地の要素を特定することによってのみ行われる。大地はそれがどれだけ凹凸をとり除かれ、抽象化されても、なおあらゆる身体をしるしづけるのであり、あらゆる身体がもつ芸術的能力の条件でありつづける。大地が身体をフレーミングし、巻きこむがゆえに、身体は、大地やその起源の物語を歌うことができるのである。

◉26　歌や名前といった、言語の共振そのものが、ひとつの土地やひとつの身体に直接的に結びつけられる。アボリジニの民衆は、死んだ人々、もはや話したり歌ったりすることができない人々に敬意を表するために、死せる者たちの名前を口にすることはもはやなく、彼らに言及するには何らかの別の名前をもちいることになる。「誰かが死ねば、オーストラリアのアボリジニたちは、その死んだ人物が呼ばれ、話しかけられていた名前を口にすることをやめる。そして、もしその死んだ人物が絵画を描いていたなら、アボリジニ芸術を収集している美術館のキュレーターは、その人物の名前がつけられた絵画を、一般公開から撤去しなければならないだろう」(Lingis 2007: 19)。

リトルネロ、音楽、振動

生ける有機体は、振動的なリズムに敏感に反応し、そのリズムをみずからの器官の働きの一部とする物質的な組織化である。[27] あてもなくさまよい歩く子どもがたてるトントンという音、私たちが何かや誰かを心配しながら待っているときにしばしば無意識的に口ずさむハミング、嫌いでたまらないのに頭にこびりついて離れない苛だたしい曲、これらはすべてリトルネロのバリエーションである。リトルネロとは、メロディーやリズムの断片のちょっとした捕獲であり、それら断片は、音楽の生まの素材ではないにしても、音楽の内容であり、音楽が出現するために脱領土化しなければならないものである。[28] リトルネロは来るべき音楽の最小限の予感であると同時に、音楽を妨げるものでもある。[29]

リトルネロとは、カオスが手招きしているような状況に対して、生きることができる最小限の秩序をもたらすある種のリズム的な規則性である。それは、トントンと音をならすことによって、大地それ自体のリズムを通して身体を守る、ある種の安全性の秩序をつくりだす。繰り返しの説明になるが、ドゥルーズとガタリにとって、あらゆるリトルネロには三つの基礎的な構成要素がある。第一の構成要素は秩序あるいは内の点である。たとえば、故郷、巣、あるいはカオスの力をフィルタリングし、それらを一時的に寄せつけないようにする安全性の空間(「ひとりの子どもが、提出しなければならない学校の宿題をするための力を呼び起こそうとし

◉27 発声器官をもつあらゆる生命において、最初の発声は泣き声である。泣きじゃくったり、こらえたりしながら、ますます強くなっていくリズムで呼吸する。痛みは多くの生き物において発声される。発声器官のない生き物においてさえ、うなったり、シューシュー、キーキーと音をたてたり、悲鳴をあげたりすることによって。リンギスにとって表現は、身体に住まい身体を変容させるリズム的な力と、つまり身体が分節するようになる快感や痛みと、緊密に結びついている。人間の幼児は、話せるようになる前から、笑ったり、涙を流したりするし、幼児は「他者の笑いや涙とともに」笑ったり「涙を流したりする」。「人間の幼児だけでなく、生物学者もまた、チンパンジー、プレーリードッグ、ネズミが笑うということを認めている。個体が認識し、同種の別の個体を誘引するような、特徴的な色、パターン、鳴き声は、他の種の個体をも誘引するかもしれない。キンケイは、ギンケイの群れや求愛に加わる。スイギュウはヤクと、ライオンはトラと、バンドウイルカはオキゴンドウとつがいになってきた」(Lingis 2007: 69)。

◉28 リトルネロが音楽の条件であるのかそれとも音楽の障害であるのか明らかでないがゆえに、そしてポップ・ミュージックが自動的なあるいはプログラムされた音楽であると考えられるがゆえに、ドゥルーズ研究者たちのなかでは、ポップ・ミュージックの身分に関するいくらかの議論がある。Buchanan 2000、Buchanan and Swiboda 2004 に加えて、Bogue 2003a, 2003b も参照。

◉29 「私たちは、リトルネロが音楽の起源であるだとか、音楽がリトルネロによってはじまるだとか、そんなことはまったくいっていない。いつ音楽がはじまるのかは本当に知られていない。リトルネロはむしろ、音楽を妨げたり、寄せつけなかったり、忘却したりするための手段である。しかし音楽が存在するのは、リトルネロもまた存在するからであり、音楽がリトルネロをとりあげて、それを表現の形式のなかの内容として手にいれるからであり、音楽がリトルネロとひとつのブロックを形づくり、それを別のところへともっていくからである」(Deleuze and Guattari 1987: 300〔『千のプラトー』中、二九三頁〕)。

て、ハミングをする」[Deleuze and Guattari 1987: 311〔『千のプラトー』中、三一八頁〕]。第二の構成要素は安全な内だけでなく順応性のあるあるいは包囲可能な外をも定義するコントロールの円環である。たとえば、しるしづけられた地形や、保護されるべき場所(ネコはその領土の境界にある戦略的対象に小便をかけるし、鳥は巣の下の場所を音響的およびリズム的な演奏のための空間としてしるしづける)。第三の構成要素は外への逃走線である。たとえば、移住、変態、変形の運動(海底を行くロブスターの長い行進、渡り鳥のカモや、毎年北か南へと飛んでいくオオカバマダラの経路[Deleuze and Guattari 1987: 325–326〔『千のプラトー』中、三四九—三五〇頁〕])。[30] あらゆるリトルネロは三つの側面あるいは運動——家、庭、出口——すべてによってしるしづけられているが、これら三つの側面あるいは運動は、その呪文のような力、組みあわせ、強調においてさまざまである。

音楽は、リトルネロを脱領土化のプロセスへと差し向け、それをその「起源」や機能性の場所からとり除き、リトルネロが特定の場所、目的、リズム、力から自由になることを可能にする。「音楽とはリトルネロを脱領土化することを本領とする、活動的で創造的な働きである」(Deleuze and Guattari 1987: 300〔『千のプラトー』中、二九三頁〕)。音楽の振動的な力は、おそらく他のあらゆる芸術よりも無媒介的で、直感的で、神経に働きかけるものだが、その音楽は、声を脱領土化すること、音を脱領土化することを本領とし、声と音それぞれを、リトルネロが近寄らせないでおこうとしている振動(カオスの力)とは違った、別種の振動の集合と共振させる。

リトルネロは、ひとつのリズム、テンポ、メロディーをつくりだすことで、カオスを近寄らせない。それらリズム、テンポ、メロディーは、領土の構成やその領土の占有の様態――つまりひとつの音楽的なフレーム――を通して、カオスをトントンと叩く。領土の組織化それ自体が、自律的な質を通して転覆され、再構成され、抽象されるときにのみ、音楽は、その強度化の効果を、個体の身体や集団的な身体に対して発揮することができる。[31] そのときにのみ、リズムは、

◉30 「遠くのメロディーを聴くことで、私たちは、自分たちの住まうゾーンから旅だつことができるし、二度と戻ることもない。繁殖期のサケは、生活している領土を離れ、生まれたところへと戻り、卵を産みそして死ぬ。カリブ海のロブスターは、周期的に、一列になって外洋へと行進していく。生物学者たちは、ロブスターの行進を、地球上の氷河期の進行の結果だと考えている。ちなみに最後の氷河期は一万年前である。渡り鳥は軌道に対する季節ごとの地軸の傾きに応じて、地球の磁場の線をたどる」(Lingis 2007: 15)。

◉31 「音楽ははるかに強力な脱領土化の力をもっているようにおもわれる。それはより強力なものであると同時にはるかに集団的なものである。そして声は、[声が脱領土化する顔の芸術よりも] はるかに大きな脱領土化の力能をもっているようにおもわれる。おそらくこの特徴こそが、音楽がもたらす集団的な魅了を説明し、さらには「ファシズム的な」危険の潜勢力さえも説明する……。音楽(ドラムやトランペット)は、民衆や軍隊を破滅の淵へと駆りたてるレースへとひきこむ(それは、絵画であり分類や結集の手段である軍旗や国旗よりもはるかに強力である)。音楽家たちは、個別的には、画家たちよりも反動的であり、宗教的であり、「社会的」ではない。それにもかかわらず、音楽家たちは、絵画よりも果てしなく大きな集団的な力を行使するかもしれないのである」(Deleuze and Guattari 1987: 302 〔『千のプラトー』中、二九八頁〕)。

その機能的な役割から切り離され、代わりに表現的な質として働くのであり、それら質が抽象されてくる領土の内でだけでなく、外とも、他のどこかとも、向こう側の世界とも共振しようとする。音楽は、リトルネロが構築する家からの逃走線である。ダニとそれが血を吸う哺乳類、クモとそれが捕獲するハエは、対位法的あるいは調和的な力であり、ひとつの同じリトルネロの一部として考えられなければならない特徴を二重奏で奏でる。この意味において、それらは音楽的であるけれど、音楽までにはいたっていないものである。それらは、ひとつの差異的＝微分的なリズムを、つまりある種のメロディーではあるがいまだ音楽ではないものを生みだすのである。そのリズム、つまりいまだ音楽ではないものは、リトルネロを脱領土化、脱フレーミングして、自然淘汰によって支配された存在の円環の外へと連れだし、性淘汰によって支配された自律的な質の世界への逃走線へと連れていかなければならない。

リトルネロは、それゆえ環境の振動を領土の和声学へと形づくるような、リズム的でメロディー的なパターンであり、小さな唱和であり、短い歌であり、それは壁やバリアの組織化である。音楽はこれとは逆向きの運動である。つまり音楽は、そのような調和的でリズム的なパターンを、それらの元の場所や配置から、二重の運動へ向けて解放するものである。その運動とは、一方で音楽的には、リトルネロの小ささを超えて、歌、曲、ソナタ、二重奏、シンフォニー、他の音楽の形式、他のジャンル等々へと、合成＝創作平面のうえでいまだ構想すらされていない形式へと向かう運動であり、他方で時空的には、領土を超えて、個体、民衆、人種、身体運動、パフォーマンスへと向かう運動なのである。

力の激しい運動は、カオスから環境へ、さらには領土へと移動し、そして反対に、リズムからリトルネロへ、さらには音楽へと移行する。この運動のなかで伝達され、変容させられ、位置づけられ、また位置づけなおされるように見えるのは、まさに振動であり、共振にほかならない。それは、もっとも基本的な水準にある物質的な力と、もっとも洗練された複雑な水準にある音楽の、両方を互いに条件づけるものである。（「あらゆる環境は振動である」［Deleuze and Guattari 1987: 313〔『千のプラトー』中、三二一―三二二頁〕］。）この莫大な進化を通して伝達され、変質させられるものは、振動にほかならない。この振動は、それぞれの特異性をそなえたものであり、当の振動の軌跡上を動く対象を配置したり、調和的な振動的反応や不調和的な振動的反応を生みだしたりする。振動とは、カオティックで非有機的な果てしなさから、あらゆる種類の生ける身体への刻みこみというもっとも親密な力へと宇宙を駆け抜け、そして再び元へ戻っていくような共通の流れあるいはリズムである。このような振動こそが、宇宙とそのあらゆる生ける構成要素の調和を構成するのであり、これによって、その生ける構成要素は、振動の快適な――遅すぎも速すぎもしない――水準を見いだすことができる。しかしそれは、たんに生存のためだけでなく、何よりもまず過剰を生みだすため、すなわちさらなる振動的な力、より多くの効果、役にたたない効果、直接的には資本化されえない質、これらを生みだすためである。振動はコスモスを通して共振し、大地を領土化するようになるリズムと、領土を自分自身のものとしてしるしづける生き物の快感の、両方の可能性それ自体を構成するのである。

これら身体のリズム――誘惑、性交、誕生、死のリズム――は、大地のリズム――季節、潮、温度――とカップリングされることによって、リトルネロの条件を構成する。その条件とは、リズム的あるいは振動的な力を、ひとつの音響的なエンブレムへと、ひとつの合成=創作されたリズムへとカプセル化し、抽象することである。このようなリズムが働き、効果を発揮するのは、その合成=創作やパフォーマンスの美しさ（それらの評価のためにもちいられる基準がどんなものであれ）においてではなく、他の生物の形態、とりわけそのリズムをもっとも好む生物の形態に対して、つまり自分自身の種に対してそれが与える衝撃においてである。制御された振動や共振のパターンであるリズムこそ、リトルネロから身体へと移動するものである。物質からもっとも非物質的な効果へと移行すること、つまり、宇宙のエネルギーから、生き物における快感と苦痛を構成する強力な変動へと移行すること、これらのことをひき起こすのに十分なほど変化しやすく、アピールするものは、リズム以外にあるだろうか。リズム以外の何が、身体それ自体が、つまり器官とその空洞の内的アレンジメントが、共振し、音響的な表現の道具となることを可能にするというのか。[32]

振動とは変動であり、差異であり、行ったり来たりの収縮と膨張の運動である。それらは、空間的運動や空間的プロセスが時間的なものへと生成することであり、現在のリズムと規則性をモデルにしていくつかの仕方で形づくられる未来の約束である。振動とは、運動のベクトルである。それは、外へと放射し、あらゆる対象を通して、そしてそれら対象をめぐって振動したり、それら対象によって弱められたりする。音楽とは振動的な力が、身体と大地（のあいだの分割あるいは差異）を分節する際の、領土化、脱領土化、再領土化の運動の結果である。

音楽、変様態、強度

音楽はみずからの存在の条件としてリトルネロを利用するが、領土の構成との緊密な関係からリトルネロをとり除きもする。すなわち音楽は、リトルネロを脱領土化するのである。音楽はリトルネロを、みずからの条件としてだけでなく、みずからの問題としてもとりあつかう（Deleuze and Guattari 1987: 300〔『千のプラトー』中、二九三頁〕）。つまり音楽に負わされ、音楽が発

◉32　異論もあるところだが、最初の楽器は、かなり昔に絶滅したパラサウロロフスの空洞のある鶏冠状の器官であった。パラサウロロフスは、その器官をある種のトランペットや身体的な共鳴装置としてもちいていた。「パラサウロロフスを興味深い対象にしているのは、それがたんに何らかの月並みな音だけを生みだしたのではなく、楽器を――つまりさまざまなトーンを――生みだしたという点である。その鶏冠状の器官は、最初の楽器のひとつだった。……音楽的なトーンは、いくつかの単純な形状の振動によってのみ生みだされる特定の音のパターンから形成される。そのような形状が自然に生じることは、これまでほとんど確認されていない。風はときたまピューと音をたて、小川はときおりメロディックにさらさらと音をたてることがあるが、自然はたいていノイズを生みだすばかりである」（Jourdain 1997: 31）。

明によって応じなければならない問題としてもとりあつかうのである。音楽の歴史とは、まさに、逃走線の発明の歴史、つまりリトルネロによる捕獲を回避するさまざまな形式の発明の歴史にほかならない。リトルネロは、それがひとつの世界として打ちたてる領土や故郷を超えて、拡張し、変容するのであり、そのような拡張や変容を束縛したり、食いとめたりすることはもはやない。リトルネロが、カオスから私たちを守るとすれば、そして、カオスから暫定的に閉じられたひとつの領域のなかに私たちが住まい、そのなかで私たちが楽しむよう誘うとすれば、それに対して音楽は、私たちを開放し、変容させる。音楽は、私たちの身体と大地そのものの両方を、別様に包みこまれ方向づけられたカオスへと向かい、カオスの要素の開放と探索にまでいたるような生成のための新たな場所とするのである。[33]

リトルネロは、根本的に構築的なものである。リトルネロは、いずれも根本的に振動的であるさまざまな要素――視界、音、リズム、物質的対象、地理学的な特徴、ファウンド・オブジェ、自分自身の身体的反応――からなる異質なセリーを、ひとつの組織化された総合的な全体性へと結びつける。その全体性とは、自然の創造としての一種のアレンジメントとなった表現的な質――色、肌理、トーン、テンポ――を、いまや位置づけ、含みもつ、ひとつの領土である。リトルネロは、楽しませ、守り、高めてくれる新たな全体性を再構成するために、要素を解体する。リトルネロは、脱領土化される必要があり、その要素は、場所とのきまり切った関係や、特定の身体、そしてそれらの身体の感受性から、コスモスそれ自体へ向けて変容させられ、方向づけなおされる必要がある。音楽とは、加算と減算であり、いまやみずからの音楽的な軌道のうえで解き放たれていくリトルネロの要素の、共振であり、不調和である。

リトルネロとは、プリズムであり、時空の結晶である。それは、みずからをとり巻くもの、たとえば音や光に働きかけ、そこから多様な振動、解体、投影、変容を抽出する。リトルネロには触媒としての機能もある。つまり、みずからをとり巻くものにおける交換や反応の速度を増大させるだけでなく、いわゆる自然の親和力をもたない要素のあいだの間接的な相互作用を保証し、そうすることによって、組織化された塊を形づくりもするのである。それゆえ、リトルネロは、結晶やタンパク質のタイプに属している。種子あるいは内部構造には、二つの本質的な側面がある。つまり、不等な価値による増大と減少、追加と撤収、増幅と除去である。

(Deleuze and Guattari 1987: 348–349〔『千のプラトー』中、三九七―三九八頁〕)

◉33 クレア・コールブルックは、芸術を、生が自分自身にみずからを強度化する力を与える仕方として、思考が「無限速度にアプローチする」(Colebrook 2006: 100) 仕方として理解している。「感覚が、生産された関係や体験されたものとしての感覚からひとたび解放されれば、〔芸術のなかで〕私たちは、自分自身だけでもちこたえる感覚に、つまり、そこからさまざまな関係がひき起こされるところの振動、あるいは生の差異化する力能にアプローチする。これが「感覚それ自体〔即自的な感覚〕」である」(Colebrook 2006: 99)。

音楽は、自然の進化的な秩序であるリトルネロを、人間の音楽的な楽譜、発声、楽器法へと変換、翻訳、再編成することではなく、それ自体は鳴り響くことがない力——究極的にはカオスそれ自体の力——を鳴り響かせることである。音楽は、それ以外の仕方では聴かれることがなかった、そして聴かれることがありえないものを、鳴り響かせる。それは、外的介入なしにはひとつにならないような要素の並置をその独創性とするリトルネロのブリコラージュ的技法をもちいるのではなく、ひとつの（逃走）線、音楽的主題、主題間のポリフォニー的な相互作用、特定のメロディー、トーンの範囲、テンポ、これらのものに、それらが進んでいくかぎりにおいてつきしたがうような独創性をもちいて、以前には聴かれたことがないものに声や音を与えるのである。だからこそ、ドゥルーズとガタリにとって、音楽はつねにマイノリティ的なものであり、ひとつの生成のブロックである。この生成のブロックは、社会的なマイノリティたちに声をもたらすひとつの仕方——それ自体として口にしたり分節したりすることができない、女への生成、子どもへの生成、動物への生成——でもある。たとえ音楽が、芸術のなかでマジョリティ的なもの、大衆化するもの、資本化するもの、帝国主義化するものであるときでさえそうである（実のところ音楽は、もっともマジョリティ的で大衆化するものであり、あらゆる芸術の形式のなかでもっとも資本化するものである）。[34]

音楽は、たとえそれが自分自身に沿ってリトルネロをひきだすときでさえ、リトルネロからの逃亡である。音楽とは、コード、内容、特定の効果によって音、発声、振動、共振に課された制約から、音響的運動や、音なきリズムの力を解放することである。たとえ音楽が、もはや認識不可能であるような他のコード、内容、効果を再び生みだしたり回復したりするときでさえそうである。このように、音楽は破壊するとともに転位させる。つまり、それはリトルネロを破壊し、リトルネロをその故郷から、そしてみずからのまわりにしるしづけられた安全地帯から転位させる。[35] 音楽は新たな形式、パターン、音楽の形状を通して、そして、認識可能なも

◉34 「音楽はいかなる問題をあつかうのか、そして音の表現から切り離すことができないその内容とはいかなるものなのか。それについて語るのは難しいが、それは次のような何かである。ひとりの子どもが死ぬ、ひとりの子どもが遊ぶ、ひとりの女が生まれる、ひとりの女が死ぬ、一羽の鳥がやってくる、一羽の鳥が飛び去る。私たちは、これらが音楽において偶然的な主題ではなく（たとえ例を増やすことが可能だとしても）、ましてや模倣練習でもないといいたい。それらは本質的なものである。なぜ、ひとりの子ども、ひとりの女、一羽の鳥なのか。それは音楽の表現が、その内容を構成する女への生成、子どもへの生成、動物への生成と不可分だからである。なぜ子どもは死ぬのか、そして鳥は矢に貫かれたように落ちるのか。それは、あらゆる逃れ去る線に固有の、つまり、あらゆる逃走線あるいは創造的な脱領土化の線に固有の「危険」があるからである。それは、破壊や廃絶へと転じる危険である」（Deleuze and Guattari 1987: 299〔『千のプラトー』中、二九〇―二九一頁〕）。

◉35 「音楽は破壊を渇望する。あらゆる種類の破壊、絶滅、破損、転位を。これは音楽の潜勢的な「ファシズム」ではないだろうか」（Deleuze and Guattari 1987: 299〔『千のプラトー』中、二九一頁〕）。

のの背後にあって、未知のものや喜ばしい（あるいはおぞましい）発明の運動を生みだす他の音や形式の新たな反響を通して、リトルネロを強度化する。リトルネロから脱領土化されたものは、いまや音楽として再領土化される。つまりそれは、確定可能な地理学的な領土にではなく、合成＝創作平面の内に位置づけられる。リトルネロから脱領土化されたものは、この合成＝創作平面において、（リトルネロの領土化の力能が行うのと同様に）原初的な恐怖、欲望、快感を、ただそれらを音楽それ自体の平面のうえで方向づけ、再領土化するためだけに呼び起こす。リトルネロの音楽への生成はまた、音の過剰なものへの生成、あるいはコスモスへの生成でもあり、つまりは音を、純粋な運動——主体や目標なき、狙いや目的なき運動——として、いかなる起源や目的地からも、さらには音の精緻化からも解放することである。

もちろんメシアンがいうように、音楽は人間の特権ではない。宇宙も、コスモスも、リトルネロから成りたっている。音楽における問いとは、人間だけでなく、動物、元素、砂漠に行きわたる脱領土化の力能の問いである。その問いはむしろ、人間において音楽的ではないもの、自然においてすでに音楽的であるものの問いである。……人間の非音楽的な音にとっては、音の音楽への生成とともにひとつのブロックを形成することが、そして、その両者にとっては、互いの把捉からもはや手を切ることができない二人のレスラーのように、互いに対峙し、互いを抱き締めることが必要である。

（Deleuze and Guattari 1987: 309〔『千のプラトー』中、三一二頁〕）

合成＝創作平面

芸術は機能するために科学や哲学を必要としない。それは完全に自律的な活動なのである。芸術は科学や哲学に関わるのと同じ要素――私がカオス、領土、身体と呼んできた要素――に接し、触れているが、それはあくまで芸術それ自身の仕方によってである。芸術はそれ自身の技法をもちいて、それ自身の対象や実践を、そしてそれ自身の凝集の結合平面を発展させる。この平面はある芸術作品と、他のあらゆる芸術作品――その作品に先行する作品や後続する作品、その作品が参与する作品や批判する作品――を、ひとつに結びつける。絵画的なものであれ、触覚的なものであれ、音響的なものであれ、芸術作品は、強度からなるひとつのブロック、感覚と変様態からなるひとつの合成態、主体を超えて存在者それ自体へと生成した強度からなるひとつの合成態である。[36] しかしこのような感覚や変様態は、それらだけでは芸術をつくりあ

◉36 「被知覚態は、もはや知覚ではなく、それを経験する者の状態から独立している。変様態は、もはや情緒や情動ではなく、それを経験する者の強さを超えている。感覚すなわち被知覚態と変様態は存在であり、その妥当性はそれ自身のなかにあり、あらゆる体験を超過している。感覚は人間の不在において存在するというるのであって、それというのも人間はそれが石のなかに、キャンバスのうえに、あるいはいくつもの語によって把捉された場合がそうであるように、それ自身が、被知覚態と変様態からなるひとつの合成態だか

げることはない（反対に、芸術は素材、すなわち音、色、肌理、メロディーなどによって合成＝創作されるのであり、変様態や感覚によっては合成＝創作されない）。感覚や変様態は、芸術の産物であり、すなわち芸術がつくるもの、芸術がそれ自身でたつことを可能にするものであり、そのつくり手や制作環境からは独立している。

このように、芸術作品は、つくり手（作曲者や演奏家）や鑑賞者に依存する一連の感覚ではなく、永遠に存続し、みずからをそれとして保存する、感覚、変様態、力、強度からなるひとつの自律するブロックである。[37] これは、ある主体が喜んだり怒ったりするときに携えているかもしれない、脈打つような身体的な感覚のブロックではなく、さまざまな実質や物質からなる感覚であり、物質的な形態として、そして物質的な形態において、埋めこまれた感覚である。「油の微笑み、焼成粘土の所作、金属の突き刺し」(Deleuze and Guattari 1994: 166〔『哲学とは何か』二七九頁〕)。合成＝創作平面は、ひとつの物質的な平面へ向けて、そしてその物質的な平面を通してのみ、みずからを、視覚芸術の対象であれ音楽芸術の対象であれ、物質的な対象を通して、そして物質的な対象として、方向づけ、生産する。芸術は、物質性を通して、そして物質性として働く。しかしたとえ、芸術によってもちいられてきた特定の物質性なしにはいかなる芸術作品も存在しえないとしても、あるランダムで物質的な合成＝創作をひとつの芸術作品へと変容させるのは、感覚という出来事であり、感覚の自律的な生命である。[38]

物質は、感覚を支えはするが、感覚をもつことはできるだろうか。感覚は、物質的な形態や力をわが物とするが、その物質的な形態や力を通して、直立し、みずからを表現し、純粋に感覚的な質を生みだすことはできるだろうか。これらは、芸術がみずからとり組む問いであり、芸術に固有の問いである。いかなる変様態が生みだされるのだろうか。いかにしてこの変様態

らである。芸術作品は、ひとつの感覚の存在であり、それ以外の何ものでもない。芸術作品は即自的に存在する」(Deleuze and Guattari 1994: 164〔『哲学とは何か』二七五頁〕)。

◉37 「音楽において短音階はひとつの本質的な試練である。それというのも、短音階は、音楽家に次のような挑戦を突きつけるからである。すなわち、短音階を、たとえアクロバティックな態勢においてさえ、堅固で持続可能なものに、自己保存するものにするために、当の短音階を、その束の間の組みあわせからひき離すという挑戦である。音はその生産と展開においてと同様、その消滅においても、保持されなければならない」(Deleuze and Guattari 1994: 165〔『哲学とは何か』二七七頁〕)。

◉38 「権利上保存されるものは、物質〔素材〕ではない。物質〔素材〕はたんなる事実上の条件を構成するにすぎない。そうではなくこの事実上の条件が満たされる(つまり、キャンバスや絵具や石が灰燼に帰すことがない)かぎりにおいて、それ自体において〔即自的に〕保存されるもの、それが被知覚態あるいは変様態なのである。たとえ、物質〔素材〕がほんの数秒しかもちこたえなくとも、その短い持続と共存する永遠のなかで、存在し、それ自体において〔即自的に〕保存される能力を、物質〔素材〕は感覚に与えるだろう。物質〔素材〕がもちこたえるかぎりにおいて、まさにその瞬間において、感覚はひとつの永遠を享受する。感覚は、物質〔素材〕が感覚のなかに、つまり被知覚態と変様態のなかに完全に移行することなしには、物質〔素材〕のなかで実現されない」(Deleuze and Guattari 1994: 166–167〔『哲学とは何か』二八〇頁〕)。

は、その物質性から、以前には知覚されたことも感覚されたこともないものをもぎとるのだろうか。いかにして芸術作品は感覚をひき起こすのだろうか。私たちが知っていて認識しているものの感覚ではなく、いまだ知られておらず経験されたことがないものの感覚を。過去の痕跡ではなく、未来の軌跡を。人間的なものや、その認識されている特徴の痕跡ではなく、非人間的なものの軌跡を。[39] 生ける主体の宇宙への生成や他なるものへの生成とつねにカップリングされている宇宙の音響的なものへの生成や絵画的なものへの生成を探求すること、これこそが芸術がみずからに設定する目標そのものではないだろうか。芸術とはこのように、ひとつの生の感覚が出現し、永遠をしるしづけ、宇宙それ自体の（非人間的な、知覚されざる）力と共振することを可能にするような音や色の個別性から物質がもつ質を抽出することである。芸術とは、主体を危険にさらしたり飲みこんだりすることなしに、カオスが感覚として、そして強度として出現することを可能にするものである。芸術はまさに、身体や、集団や、大地それ自体に対する、振動的な力の創造的で破壊的な衝撃を解放し、強度化し、祝福する。芸術は生を守り、高めていく。そしてその生は、来るべき生であると同時に、来たるべき生を告げ知らせるのである。

　このことは科学とどのように関係するだろうか。芸術は、芸術作品という感覚のモニュメントをつくりだすために、力、エネルギー、効果の物質的な平面を要求するが、この平面は、科学にも共通している。科学は芸術と同様、みずからを宇宙の物質性へと投げいれるが、それはきわめて異なった目的と関心とともにである。科学が、カオスの規則性、予測可能性、共立性――パターン――を探し求めるのに対して、芸術は、カオスの力、カオスの衝撃を探し求める。これは、芸術が科学を必要としないということでも、科学が芸術を必要としないということでもなく、一方が他方の資源を必要とするときには、一方が他方の作品を自分自身の言葉づかいや目的へと変容させなければならないということである。こうして芸術は、みずからの技術的な問いの多くを科学へと差し向ける。実のところ芸術は、自分自身の芸術的な生産のために、科学的な技術や方法を必要としてさえいるかもしれない。しかしこのような作品は、芸術の合成＝創作平面のうえに位置づけられなければならない。芸術がとりあつかうのは、科学がとりあつかうような質料の規則的な特徴ではなく、その表現的な質であり、その「美的＝感性的な」資源であり、芸術が感覚を生じさせ維持する能力である。芸術がカオスから、物質やエネルギーを、そして、芸術が感覚を具現化するために要求する領土と主体を抽出するために、カオスをフレーミングするのであれば、科学は変数、公式、確率を、つまり世界内での快適さと

◉39 「ようするに感覚の存在は、肉ではなく、ひとつの合成態である。すなわち、コスモスの非人間的な力と、人間の非人間的なものへの生成と、それらを交換し、調節し、風のように旋回させる両義的な家からなる合成態である。……世界に住みつき、私たちを触発し、私たちを生成させる、知覚しえない力を知覚可能にすること、これこそが被知覚態それ自体の定義ではないだろうか」(Deleuze and Guattari 1994: 182–183〔『哲学とは何か』三〇八、三〇六頁〕)。

秩序のひとつの様態、世界内での予測可能性のひとつの形式を抽出するために、カオスにグリッド線をひき、カオスにひとつの座標のネットワークを、つまりひとつの準拠平面を設置するのである。

科学と芸術が共有するのは、まさに、宇宙の振動的な構造であり、カオスそれ自体から発出する振動的な力である。芸術がこの振動的な力をひとつの感覚にする（結局のところ、感覚は、身体器官と神経系を共振させることができる振動的な差異にほかならない）のに対し、科学はこの振動的な力から、ひとつにはパターンを、そしてついには尺度や比率や公式をつくりだす。感覚は、質料の振動的な波、大地のそして究極的にはカオティックなコスモスの力の振動的な波を、神経系に対するひとつの刺激として機能することができる感覚的な形態へと縮約する。芸術は、振動的な力をうまく変容させることで、その力をエネルギーから感覚へと、そして感覚から刺激へと伝達する。芸術は縮約するのだが、それは、芸術がみずからを合成＝創作する物質性を総合し圧縮して、物質性の力を、その振動的な共振を作品から身体へと伝達するということである。[40] それとは対照的に、科学は振動的な力を、一連の表象や象徴の内に包みこみ、その表象や象徴によって振動的な力は質から量へと移行する。科学は振動的な力に対して、境界、極限、実験条件を負わせることで、その振動の効果は予測可能になり、定数を生みだし、表面的には独立しているように見える要因のあいだに不変の関係をつくりだす。科学が準拠平面を通して包みこみ減速させるもの、すなわち、身体や、集団や、大地それ自体に対する、振動的な力の創造的で破壊的な衝撃を、芸術は、合成＝創作の原理を通して解き放ち強度化する。そしてただ哲学のみが、芸術と科学が共有するこの共通の要素を理解することができる。なぜならば哲学的な概念が提供する媒介を通してのみ、芸術の感覚と科学の定理は、植民地化することなしに、つまり一方が他方の働きを乗っとることなしに、相互に作用することができるからである。

◉40 「感覚は興奮そのものである。しかしそれは、感覚が徐々に反応へと伸びていき、反応へと移行するかぎりにおいてではなく、感覚がみずからを保存し、みずからの振動を保存するかぎりにおいてである。感覚は、神経の表面で、あるいは脳の容積のなかで、刺激を与えるものの振動を縮約する。先行するものは、後続するものが現れるとき、まだ消えない。これが感覚のカオスに応答する仕方である。感覚は振動を縮約するがゆえに、それ自身が振動する。感覚は振動を保存するがゆえに、それ自身を保存する。感覚は〈モニュメント〉である。感覚は、みずからの倍音たちを共振させるがゆえに、それ自身が共振する。感覚とは縮約されることで質や変化性へと生成した振動である」（Deleuze and Guattari 1994: 211〔『哲学とは何か』三五五—三五六頁〕）。

第三章　感覚――大地・民衆・芸術

芸術は私たちに動物的活力をおもいださせる。芸術は、一方では、さまざまなイメージと欲望の世界への、身体の輝ける力の溢出であり、流出である。他方では、強度化された生命のさまざまなイメージと欲望を通した、動物的機能の励起である――生命感情の高揚、生命感情への刺激剤である。

――ニーチェ『力への意志』

芸術と動物

芸術は動物に由来する。芸術は理性や認識や知性から出現するのでも、人間に特有の感性や、人間の高次の才能から出現するのでもない。そうではなく芸術は、過剰で、予測不可能で、進化の程度が低いものから出現する。私たちのなかでもっとも芸術的なものは、もっとも愚鈍な＝動物的なものである。芸術は、世界や対象や生物のなかの過剰から出現する。この過剰は、世界や対象や生物をそれら以上のものにし、それら以上のものをもたらし、それらの物質的な特性や質やその可能な使用を、自明なものとして与えられている以上のものにする。芸術はそうした過剰の帰結である。すなわち、強度化のために、そして感覚そのもののために生命を危機にさらす力のエネルギーの帰結なのである。このとき、芸術が生命を危機にさらすのは、精神分析が示唆するようにたんに快感やセクシュアリティのためだけではない。それは、強化され、強度化されうるもののためでもある。すなわち、それを通して創造や危機や革新が〔他の何かを目的とするのではなく〕それ自身を目的としてひき起こされるような「より以上のもの」のため、そしてこれら創造や危機や革新が強度化するかもしれないものや、その強度化の仕方のためでもある。

　精神分析は、少なくとも半分は正当に、芸術とセクシュアリティの関係について論じている。それによれば、芸術は性エネルギーや性衝動、つまり自分自身以上のものへと向かうある共通の衝動に結びついている。しかしフロイトの精神分析にとっては、セクシュアリティが芸術へと変容し、転化するのは、ただ表象を通してのみであり、器官へと方向づけられたリビドーが、創造的な物質的生産のエネルギーへと変容することによってのみである。すなわち芸術は昇華された性衝動の表現であり、性衝動は何らかの部分的な満足をえるためには断念されなければならないのである。[1] このような置換の能力、すなわち性的な強度やリビドーを脱性化され昇華された創造的活動へと移し変える能力は、フロイトにとっては、周期的に統制された〔動物的な」セクシュアリティから欲動を解放した帰結としての人間に固有の能力、欲動が変動を通してみずからを非性的なものへと変容させる能力である。[2] このとき非性的な目標へと偏向されるのは、性本能ではなく性欲動だけである。[3] 私はここで次のように主張したい。芸術を、セクシ

◉1 私は、Grosz 2001a において、フロイトの芸術論と、彼が抑圧された同性愛と創造的な昇華とのあいだに仮定する特殊な関係について概説した。

◉2 フロイトにとって昇華とは、性的目標と脱性化された目標を交換するための能力である。脱性化された目標は、「性的興奮が、その構成要素的快感ないし生殖的快感に向かう目標を放棄するとともに、放棄された目標と発生的に関係してはいるが、それ自身はもはや性的ではなく、社会的と記述されなければならないような別の目標をひき受けることに存する。私たちは、根本的に自己関心的なものである性的目標よりも社会的目標を高く位置づける一般的評価にしたがって、これを「昇華」と呼ぶ。ついでにいえば昇華とは、性的な傾向が他の非性的な傾向に付属させられるようなひとつの特殊なケースにすぎない」(Freud 1917: 345〔「精神分析入門講義」『フロイト全集15』四一三頁〕)。

◉3 「性本能は……おそらく、ほとんどの高等動物においてよりも、人間においてより強力に発達している。また、性本能は、動物においては周期性に結びつけられているが、人間においては、そのような周期性はほとんど完全に克服されているので、より恒常的であるのは確かである。性本能は、驚くほど大きな量の力を文化的活動に捧げており、性本能がこれを行うのは、強度を物質的に減少させることなく目標を置換することができるという、性本能のとりわけ際だった性質のおかげである。元来は性的であった目標を、別の目標へと、つまりもはや性的ではないが心的には最初の目標に関係している目標へと交換するこの能力を、昇華

ュアリティや性欲動がひき起こす過剰の帰結と考えるのは、厳密には正しくない。なぜなら、セクシュアリティそのものが十分に性的になり、十分に創造的になるには、それは芸術的に機能する必要があるからである。セクシュアリティ（欲動でも本能でもなく、身体や実践が他の身体やみずからの身体の部分と結びつくこと）が十全に機能するには、過剰性と発明を利用する必要があるからである。

性淘汰のエネルギー――人間だけでなく人間以外のものも含む性的な（とはいえ必ずしも性交的ではない）パートナー[4]へと誘引されるエネルギーや、そのようなパートナーを獲得しようとするエネルギー――と、芸術的な生産や消費の力およびエネルギーとのあいだには、複雑で曖昧な関係がある（フロイトにとっては性的満足あるいはオーガズム的解放が問題となるが、ここではそうではなく性淘汰が肝要となる）。芸術の核心が創造にあるかぎり、すなわち有用性によっては直接的に定義されない新たな目標の獲得にあるかぎり、芸術は動物に由来する。以下で私は、芸術を自然淘汰の力や効果へと還元するのではなく、性淘汰に関わる過剰な消費へと結びつけるような、視覚芸術や造形芸術の系譜学をつくりあげようとおもう。

ダーウィン本人は、スペンサー主義的およびネオ・ダーウィニズム的な後継者[5]たちとは反対

の能力と呼ぶことができる。性本能が文化にとってもつ価値は、このような置換能力に存するのだが、性欲動は、そのような置換能力とは対照的に、きわめて頑固な固着を示すことがある。その固着は、性欲動を役

にたたないものにし、ときにはいわゆる異常性として記述されるものへと格下げする」(Freud 1908: 187〔「「文化的」性道徳と現代の神経質症」『フロイト全集9』二五九頁〕)。

◉4 ダーウィンにとって、何らかの種のあらゆるメンバーが生殖する必要があるわけではないということはまったく明らかである。それぞれの集団において生殖をしないメンバーが一定の割合で存在することは生物学的に許容されることであり、それは集団に損害をあたえないどころか、実際には利点をもってもいる。「淘汰は、役にたつ目標を達成するために、個体にではなく家族に作用してきた。それゆえ、次のように結論づけることもできる。コミュニティの一定のメンバーの生殖不能状態に相関した構造あるいは本能の若干の変化が利点となることは明らかであり、その結果、生殖可能な雄と雌が繁栄し、生殖可能な自分たちの子孫に、同じ変化をともなった生殖不能なメンバーを生みだす傾向を伝えたのだ、と」(Darwin 1996: 354〔『種の起源』上、三〇七―三〇八頁〕)。ダーウィンはもちろん同性愛についての特別な議論はしていないが、動物のコミュニティにおける生殖不能のあるいは非性交的なメンバーについての彼の議論が、同性愛の反生産的ではない生産的な役割についての説明を提供しうることは明らかだとおもわれる。同性愛は、社会生物学の界隈では、何らかの仕方で社会的利他性に結びつけられうるのでなければ、あるいは子孫ではなく近親に遺伝的利点を手渡すことに結びつけられうるのでなければ、ひとつの不利点とみなされる傾向にあった。同性愛は、種の内部における多くの変異のひとつであり、それは前もって予測することができない仕方で、それらが他のものたちにとってふさわしいものそして/あるいは魅力的なものになることを可能にする。いいかえれば、社会生物学の多くを汚染しているホモフォビアが、ダーウィンが書いたものによってみずからを正当化できるかということは、明らかではないのである。

◉5 ここで私の念頭にあるのは、何人かのもっともよく知られたネオ・ダーウィニストであり、とりわけダニエル・デネット、リチャード・ドーキンス、E・O・ウィルソンである。

に、次のように考えた。すなわち、生物は、その身体あるいは生産物のなかに、異性のメンバーだけではなく、同性のメンバーや異種のメンバーをも誘引し惹きつける何かがあるかぎり、「芸術的」である、と。ダーウィンにとっては、このような誘引は、つねにではないがたいていの場合は異性愛的であり、通常は異性のメンバーに向けられるものである。それは、必ずといっていいほど、性的に際だった特徴の、何らかの身体的な強度化や増強をひき起こす。性的差異は形態学的あるいは身体的な差異であり、あるタイプの身体と別のタイプの身体を区別するために体系的に識別されもちいられる差異である。性淘汰は身体の性的なアピールを高めるこのような形態学的な差異や変容を増強し、強調する。誘引しアピールするこのような差異は、世代を経るごとによりいっそう淘汰され、組みこまれていく傾向にあり、それによって世代は互いに異なっていく傾向にある。このような注意をひくこと、みずからの身体をひとつの見世物にすること、誘引者の非常に手のこんだ誇示行動、これらは強度化に関わっている。たんに誇示されている器官だけが肥大化し、強度化され、膨れあがるだけではなく、それらの器官を知覚する器官――耳、目、鼻――もまた、強度で満たされ、色、音、匂い、形、リズムと共振する。[6]

ダーウィンは、シャケ、マス、パーチ、トゲウオのいくつかの種が、繁殖期のあいだ、それらの性にもとづいて、くすんだ黄褐色から虹色へと変容し、季節が変わるとまた元に戻ると主張しているが、これは上記の理由によるものかもしれない。[7] これは、たんにカムフラージュと

◉6　リンギスは、「見られるための器官」がもつ力強い効果について議論するのに、かなりの努力を費やしてきた。「見られるための器官」は、自然淘汰の論理をはるかに越えて機能する。このうえなく見世物的に壮麗な魚は、しばしば、当の魚も、その捕食者も目が見えないような深さで、あるいは視覚以外の感覚によって活動するような深さで生きている。このことが明らかにするのは、生存の必要から外れるか、それにつけ加わる過剰、つまり身体や機能を強度化する形態学的な能力が存在するということ、そしてその能力は、外的な（捕食的な？）観察者の観点からのみ、あるいは主にそのような観点から、作動するのではないということである。「色盲のマダコは、二〇の神経系をもちいて、その皮膚に適した二〇〇万から三〇〇万もの色素胞、虹色素胞、白色素胞をコントロールしている。そのうち、カムフラージュや感情状態に相関しているのは一五だけであった。巣で休んでいるときには、その皮膚はたえまない光のショーを生みだす。派手で縞模様をしたコーラルフィッシュは、展示、見世物、パレードへの衝迫にとり憑かれた生のうねりのように、群れになったり散ったりする……海淵が見せるはずのこのうえなく巧みに混ざりあった色素は、アワビの殻の内側、ブダイの骨の内側、生きているイモガイの殻の裏側に見られる。そして、アワビも、ブダイも、イモガイも、自分自身がそのような色素を見ることはけっしてない。もっとも飾りたてた皮膚は、裸鰓類、つまり盲目のウミウシの皮膚である。海の深淵、光の青い光線が届く限界より五マイルないし六マイル下では、ほとんどが盲目である魚やカニが、それらの光沢のある色を、誰にも見られずに、それら自身の生物発光によって輝かせているのである」(Lingis 1984: 8–9)。

◉7　ダーウィンは、鳥から爬虫類や魚まで、周期的に色を変化させて異性へのアピールを強度化するさまざまな種における、色づきの変容について、広く詳細に論じている。彼は、ウィリントンを引用しながら、次のように論じている。たとえば、「言葉で描けないほど美しい」と描かれうる魚であるトゲウオの場合、「雌のして働き、捕食されることから魚を守る、機能的な色づきではない。コンラート・ローレンツが指摘するには、この見世物的な色づきは、ひとつの攻撃の形式として、すなわち、領土の鮮烈で明白なしるしづけとして作用しうる。いいかえれば、ローレンツや他のネオ・ダーウィニストたちにとって、この過剰は実際には過剰ではないのである。それは、なわばり意識のようなものの身体的な表現であり、生存闘争における、すなわち自然淘汰におけるひとつの重要な要素なのである。このような美しく際だち挑発するような色、形、器官、行為は、ローレンツにとっては、領土のポスターや所有の立札、すなわち競争相手に警告し領土を守るよう機能する目印として作用する。しかし機能的になることで、過剰と冗長性はすべて除去される。性淘汰が自然淘汰に還元されるのだ。ローレンツが論じるには、四つの主要な生物学的動因——飢え、性、恐れ、攻撃——はいずれも、自然淘汰の観点だけから理解されなければならない。彼は他のネオ・ダーウィニストたちと同じく、性淘汰を自然淘汰に還元することによって、進化を単純化して単線的なものにする。すなわち、進化を、性淘汰がひき起こす嗜好や快感の予測不可能な転変によってではなく、ランダムに獲得された特徴の淘汰によってのみ統制されるものとみなすのである。

ダーウィン自身も、このようなしるしづけが攻撃的な機能に奉仕するかもしれないと認めてはいるが、しかしながら、ダーウィンにとって、それは領土性の条件ではない。それはむしろ、性淘汰の生まの素材であり、素材そのものを強度化する可能性のためだけに、つまりアピール

することのためだけに生みだされ探究される過剰である。◉8

ダーウィンの考えでは、一見すると領土をめぐってなされている競争相手の雄との闘いの多くは、実際には、何よりもまず雌の注意を誘引するためのもの、それなしでは雌が雄の誇示行

背側と目は単純な茶色で、腹側は白い。一方雄の目は「このうえなく美しい緑色で、ハチドリの仲間の緑色の羽に見られるようなメタリックな輝きをもっている。喉と腹部は明るい深紅、背中は灰色がかった緑で、魚全体がどういうわけか透明で内側から白熱に輝いているように見える」。繁殖期が終わると、これらの色はすっかりと変わり、喉と腹部の赤は薄れ、背中は濃い緑になり、輝きは失せてしまう……魚類において、その色と性的機能のあいだに何らかの密接な関係があるのは明らかだろう。まさにある種の雄は、雌とは異なる色をもっており、しばしば雌よりもずっと鮮やかである。ついでこれらの同じ雄たちは、若いときには成体の雌に似ている。そして最後に、繁殖期以外には雌と色がまったく同じであるような種類の雄も、繁殖期になると鮮やかな色を身につけるようになる」(Darwin 1981–II: 14–15〔『人間の進化と性淘汰II』一五七頁〕)。

◉8　ダーウィンが論じるには、ローレンツ(とハクスリー)が主張するように、魚の鮮やかな色づきは、魚を捕食者から守るために機能することはありうるが、そのような色づきはむしろ、魚を捕食者からより攻撃されやすくするのであり、このことは、魚の色づきの機能が、攻撃的な立札や幟というよりも、むしろ性的な誘惑物であると断言することにつながる。「ある魚たちが、捕食者となる鳥や獣に対して(毛虫に関して説明したのと同様に)自分たちが不味いということを警告するために目だつ色になったのかもしれないということはありうるが、私の考えでは、魚を食べる動物からそれが不味いという理由で拒絶されるような魚は、少なくとも淡水魚では知られていない」(Darwin 1981–II: 17–18〔『人間の進化と性淘汰II』一五九—一六〇頁〕)。

動に関心を示すことがないかもしれないものである。闘っている鳥の場合、領土をめぐる闘争の多くは、危機や危険をともなう本当の闘いではなく、まずは演劇的で舞台的なものであり、このうえなく華麗で魅力的な身体のパフォーマンスである。エリマキライチョウとして一般的によく知られているTetrao umbellusの場合、雄どうしの闘いは、「すべてがただのハッタリであり、彼らの周りに集まって彼らを賛美している雌たちの前で、自分たちが一番いいところを見せるための演技である。なぜなら、私は、誰かが本当にひどくけがをしたところなど見たことがないし、せいぜい羽根の一、二枚がちぎれるだけだからである」(Darwin 1981-II: 59〔『人間の進化と性淘汰II』一八五頁〕)。装飾的な誇示行動は、もっとも成功した攻撃的な雄に見いだされるが、捕食者や競争相手を追い払うことにもっとも成功した雄でさえ、必ずしもつがいになりうるパートナーの注意を誘引することを保証されているわけではない。雄による誇示の腕前が、たとえさまざまな闘いの見世物として成功しているとしても、それが雌を誘引する腕前であるかは確かではないのである。

実に多くの種類の美しさが誇示されるわけだが、この美しさは生物を何らかの潜在的な危険にさらす。たとえそれが本当の闘いではなく、求愛者と捕食者の両方に対してよりいっそう目だち、聴こえるようになること、つまりよりいっそう気づかれるようになることであれば、美しさには必ずや対価がともなうのである。「武器を身につけた雄で、その成功が闘いの勝負にかかっているだろうとおもわれるような種類でも、ほとんどの場合は高度に装飾的であり、そのような装飾を獲得するためには何らかの能力を失うという損失をともなっている」(Darwin 1981-II: 123〔『人間の進化と性淘汰II』二四二頁〕)。また、領土の防衛と、さまざまな基準にしたがって作用する性的な成功とを同一視することもできない。ダーウィンが明らかにしたように、性淘汰は、誘引するのとおそらく同程度に身を危険にさらす。しかし私たちが見ていくように、領土性は、実際には強度の生産に結びついている。すなわち性的で芸術的な生産に、リズム的で振動的な質の創造に結びついている。しかし領土がそれらの前提条件なのではない。そうではなく、領土は、エロティックな強度化の効果として機能するのである。[9] 領土が生みだされる

◉9 ドゥルーズとガタリが示唆しているが、ローレンツがいうようにあらかじめ存在する領土を守るためにしるしが形成されるのではなく、むしろ、しるしこそが領土を創造するのである。なぜなら、領土そのものが芸術を前提としているからである。「〔ローレンツの説明では〕領土をもつ動物は、その本能が種内に関わるものになり、同一種の動物へと向かうようになったときから、攻撃を向けるだろう。領土をもつ動物は、同一種のメンバーに攻撃性を向けるだろう。種はそのメンバーをひとつの空間のいたるところに分配するという淘汰上の利点を獲得し、その空間において、メンバーが、自分自身の場所をもつだろう。危険な政治的含蓄があるこの曖昧な主張は、私たちには根拠が乏しいようにおもえる。攻撃の機能が、種内に関わるものになるときに変化するということは明白である。しかしこのような機能の再組織化は、領土を説明するものではなく、むしろ領土を前提としている。領土の内部では数多くの再組織化が起こるのであり、領土はセクシュアリティ、狩り、等々……にも影響を与える。要因T、つまり領土化の要因は、別のところに求められなければならない。それは、まさに、リズムやメロディーの表現への生成のなか、つまり、固有な質(色、匂

のは、つまり領土が可能になるのは、何かが、すなわち何らかの特質や質が、自然淘汰の体制のうちにある自身の場所から離れることができ、それ自身の生命を担い、それ自身のためだけに共振することができるようになるときである。領土は芸術的なものであり、戦争ではなく恋の、防衛ではなく誘惑の、自然淘汰ではなく性淘汰の結果である。

動物は芸術的だろうか。感覚（人間の観察者の感覚を含む）を強度化すること、そのような強度化を享受すること、そしてその強度化が、領土の構成が示すような暫定的な安定性をもたらすこと、これらのことを芸術的といえるなら、間違いなく動物は芸術的である。このような動物 ‐ 強度化は、いまだ合成＝創作されておらず、いまだ芸術そのものではないとしても、やはり芸術的なのである（それはリトルネロのようなものである）。さらにそれは、しるし、つまりエンブレムを与える。すなわち合成＝創作された芸術を可能にするような質そのものを与えるのである。まさにセクシュアリティが芸術的であるかぎりにおいて、芸術は動物に由来するのである。

感覚と合成＝創作平面

絵画は、絵画それ自体の歴史や素材についての特有で特殊な一連の問いをたてる。他のさまざまな芸術と同じく、絵画は、身体と大地の関係、身体の力と大地の力の関係に関わる問題に対処する。しかしその対処は、芸術それぞれに固有の仕方で、それぞれに固有の素材によって、それぞれに固有の技法、形式、質によって行われるのであり、また、芸術に先行するすべての形式（そして他のすべての芸術）の貢献を考慮にいれながら行われる。ドゥルーズとガタリにしたがって、この領野、すなわち芸術作品の生産と受容のための現実性の条件を、合成＝創作平面として理解することができるかもしれない。合成＝創作平面とは、あらゆる芸術作品の、そしてあらゆるジャンルやタイプの芸術の領野、すなわち平面であり、特定の秩序や組織に属すことのないありとあらゆる形式の芸術的生産の全体性であり、この平面は、それぞれの芸術作品を通して間接的に対処されたり、変容させられたりする。

　ドゥルーズとガタリは、合成＝創作平面が芸術制作の集団＝集合的な条件であると主張する。それは、あらゆる芸術作品を包含するが、それら芸術作品は、はっきりと歴史的に配列されているわけではなく、互いに影響しあい表現しあう関係にある。そのかぎりにおいて、この平面には、芸術の歴史におけるあらゆる出来事、あらゆる変容、「スタイル」、規範、理念、技法、大変動が含まれている。合成＝創作平面は、字義どおりの平面ではなく（もしそうであればそ

い、音、シルエット……）の出現のなかにである。このような生成、このような出現を、〈芸術〉と呼ぶことはできるだろうか。このことは、領土を芸術の結果にするだろう。芸術家。最初に境界標を立て、しるしをつくる人物。所有は、集団的なものであれ個人的なものであれ、そこに由来する。たとえ所有が戦争や圧制のためである場合でも。所有は根本的に芸術的なものであり、それというのも、芸術は根本的にはポスターであり立札だからである」（Deleuze and Guattari 1987: 316〔『千のプラトー』中、三二八―三二九頁〕）。

の平面自体が合成＝創作されていなければならないだろう）、脱中心化された時空的な「組織」であり、さまざまな作品、技法、質のゆるやかなネットワークであり、個々の芸術作品はすべて、芸術を構成するためにはそのなかに位置づけられなければならない。これらの作品は、作品として認識されることを必要とせず、その質や相対的な価値を評価するためのいかなる判断の形式も必要としない。それらはただ、芸術の対象として存在する必要があるだけである。あらゆる芸術作品が共有するこの共通の場、共通の（とはいえ非物体的な）コンテクストこそが、どのような仕方によってであれ芸術を評価することを可能にし、さまざまな芸術の対象が互いに参照しあい、とりいれあい、消化しあい、争いあい、変容しあうことを可能にする。芸術作品がもたなければならない共通の質といったものは、特定の芸術の形式のなかにさえ存在しない。あらゆる芸術作品は、他の芸術作品からなる環境のうちに――大変動としてであれ革新としてであれ――位置づけられる能力をもっているが、このことが意味しているのは、それら芸術作品が、志向性によってではなく作品それ自体によって、すなわちみずからを他の作品に結びつける、あるいは他の作品から切り離す、作品それ自体の能力によって構成されるということである。

あらゆる芸術作品は、形式やジャンルや技法においてどれだけ区別されるにせよ、共通の何かをもっている。すなわち、芸術作品はすべて、ブロックの物質性が感覚へと生成することから成りたっているのである。[10] 芸術とは強度化するもの、感覚を生みだすもの、そして生みだされた感覚を通して身体を強度化するものである。感覚を構成する素材が何であれ、芸術作品は、出来事でも人物でも素材でも形態でもなく、ただ感覚だけをモニュメント化する。「芸術作品は、ある感覚の存在であり、それ以外の何ものでもない」(Deleuze and Guattari 1994: 164〔『哲学とは何か』二七五頁〕)。これは何を意味するのだろうか。芸術作品は、それが感覚され知覚されるかぎりにおいてのみ存在するということだろうか。芸術作品は、それを感覚する外的観察者に依拠しているということだろうか。まったく違う。生みだされる感覚は、ある主体の感覚ではなく、即自的に感覚なのであり、永遠的なものとしての、モニュメントとしての感覚なのである。感覚とは、ある出来事の力から生物の神経系へと伝達され、その生物のさまざまな行為から世界そのものへと伝達され返すものである。

ドゥルーズは、視覚芸術における感覚の役割に関するエルヴィン・シュトラウスとアンリ・マルディネの著作を援用しそれらを変形する。たとえばシュトラウスは、感覚についてのきわめて現象学的な理解を展開している。彼によれば、感覚とは、感覚する主体が感覚される対象と共有するものであり、一方の側が対象の世界に面し、他方の側が生きられた経験の世界に面するような、二つの側面をもった現象である。ようするにシュトラウスの主張によれば、感官

◉10　コールブルックは、ドゥルーズの著作における感覚の身分についての分かりやすい分析を行っている(Colebrook 2006: 94ff)。

によって与えられる一次的な世界は、主体の形成や、主体と対象のはっきりした区別に先だって存在するものであり、主体が動物の生と共有するもの、すなわちそのなかで感覚が身体の運動能力と連携するような世界－共－存在〔being-with-the-world〕なのである。

空間と時間は、座標や、抽象的な位置や尺度によって方向づけられる以前に、身体の〈いま－ここ〉と共存しており、〈いま－ここ〉によって定義される。したがって感覚は、知覚する身体だけでなく、身体がそこにおいて絶えず変化しつづける地平をとおり抜けていくような環世界をも含んでいる。感覚とは世界のなかにあるのでも、主体のなかにあるのでもなく、それらの境界面において創造される身体を通して、それらが一方から他方へと互いに展開する関係なのである（Straus 1963: 202 を参照）。したがって、シュトラウスにとって（ベルクソンにとってもそうであるように）、知覚が座標や抽象的な規則性を打ちたてることに結びついているのに対して、感覚はマッピングされることも完成されることもありえず、つねに他なるものへの生成のプロセスのなかにある。

シュトラウスは、地理と風景の対立という観点から、知覚と感覚の区別について説明する。地理とは地図の空間であり、測定可能な抽象的座標によって統制されたものであり、ドゥルーズとガタリが条里空間あるいは定住的空間と呼ぶもの、すなわち、そのロケーションや領域が生きられた質から抽象された空間である。[11] それに対して風景は、感覚によってあらわにされる空間であり、固定的な座標をもたず、身体が風景をとおり抜けていくにつれて変容し、動いていくものである。シュトラウスにとって風景の芸術は、見えないものについて感覚が感じとるものを見えるようにするという特異な可能性をもつ。「風景絵画は、私たちが見るものを描写するのではない。すなわち、ある場所を見ているときに私たちが気づくものを描写するのではない。風景絵画は――パラドックスは避けられないが――、たとえ遠く隔たったものであったとしても、見えないものを見えるようにする。すべての偉大な風景には見え〔vision〕にまつわるひとつの特徴がある。そのような見えは、見えないものの見えるものへの生成に属している」(Straus 1963: 322)。

ドゥルーズは即座にシュトラウスの概念を「唯物論化する」。彼は次のように主張することで、シュトラウスのより直接的に現象学的な読解から距離をとる。感覚の主体的側面は、生きられた経験の現象学的主体と同一視することはできず、能動と受動からなる神経学的で生理学的な主体という観点から理解しなければならない。そして、感覚の対象的側面は、純粋な即自存在ではなく、固有の特異性あるいは個体性の形式をそなえ、それでいて非人称的な、ひとつの複雑な出来事である。感覚とはある出来事の力から、生物の神経系へと伝達され、生物のさまざまな行動から、世界そのものへと伝達され返すものである。[12]

◉11　第十四プラトー「一四四〇年――平滑と条里」(Deleuze and Guattari 1987〔『千のプラトー』〕)を参照。
◉12　「感覚とは、容易なものや出来あいのもの、つまり紋切り型の反対物であり、さらに「扇情的な」もの、自

感覚とは主体と対象のあいだの不確定ゾーンであり、一方と他方が互いに出会うことから噴出するブロックである。感覚は身体に衝撃を与える。しかしそれは脳を経ることなく、表象や、記号や、イメージや、幻想も介することなく、身体そのものの内的な力に、細胞や器官や神経系に、直接衝撃を与えるものである。感覚はいかなる媒介も翻訳も必要としない。それは表象や、記号や、象徴ではなく、力、エネルギー、リズム、共振である。[13] 感覚は、知覚者の身体、主体の身体ではなく、芸術作品の身体のなかを生きている。芸術とは身体が、皮肉にもほとんど表象による媒介なしに、もっとも直接的に感覚する仕方である。なぜなら、芸術は身体に属しているからであり、芸術のみが以前には一度も経験されたことがない感覚、おそらく別の仕方では経験することができないような感覚へと身体をひきこむからである。たとえば、ファン・ゴッホの作品だけが呼び起こすひまわり－感覚、セザンヌにおける「リンゴのリンゴ的存在[14]」、変様態からなる「レンブラント－宇宙」(Deleuze 1994: 177〔『哲学とは何か』二九九頁〕)、あるいはベーコンの肉を支える肉塊－感覚。感覚は、私たちあらゆる生物を、ある奇妙な生成のなかで芸術作品へとひきこみ、その生成のなかで、生物はみずからの内部を空っぽにし、その作品の感覚だけで満たされる。

ベルクソンが喚起しているように、私たちは、対象をそれらがある場所、すなわち空間のなかで知覚し、出来事をそれらがある場所、すなわち過去のなかで想起するのであって、空間と時間が私たちのなかにあるのではない。[15] まさにそれと同じく、感覚もまた私たちのなかにはない。私たちが感覚するときにはいつでも、私たちは感覚のなかにいるのであり、感覚は、私たちを、感覚が生起する場所すなわち芸術作品そのものへと連れていく。感覚は私たちあらゆる生物をある奇妙な生成のなかで芸術作品へとひきこみ、その生成のなかで生き物はみずからの内部を空っぽにしてその作品の感覚だけで満たされる。「色は身体のなかにあり［……］感覚とは描かれるものである。キャンバスに描かれるものは身体であるが、それはひとつの対象と

発的なもの、等々の反対物でもある。感覚は、二つの面をもち、一方は主体へと向かい（神経系、生命の運動、「本能」、「気質」――自然主義とセザンヌに共通するあらゆる語彙）、他方は対象へと向かう（「事実」、場所、出来事）。あるいは、むしろ、感覚は、いかなる面ももたず、分かちがたくそのどちらでもあり、現象学者たちがいうように〈世界内存在〉である。私が感覚のなかで生成するのと、感覚を通して何かが起きるのは、同時である。一方は他方を通して、他方は一方のなかで。そして、結局のところ、同じ身体こそが、主体であると同時に対象でもあり、感覚を与えると同時に受けとりもするのである。私は、観客として、絵のなかにはいっていくことによってのみ、感覚するものと感覚されるものの統一に接近することによってのみ、感覚を経験する」（Deleuze 2003: 31〔『感覚の論理学』五二―五三頁〕）。

◉13 サイモン・オサリヴァンの最近のテクスト（O'Sullivan 2006）は、ドゥルーズとガタリの芸術理解がもつ反表象的で非表象的な身分について強く主張している。私には、この強調が、芸術の歴史と解釈に対するドゥルーズとガタリに固有の貢献を理解するのにこのうえなく適切なものだとおもわれる。

◉14 Deleuze 2003: 23〔『感覚の論理学』五三頁〕に引用されているD・H・ロレンスの言葉より。

◉15 Bergson 1988: 57〔『物質と記憶』七五頁〕.

して表象される身体ではなく、この感覚を維持するものとして生きられる身体である」（Deleuze 2003: 32〔『感覚の論理学』五三頁〕）。

芸術作品は感覚の合成態である。それはひとつの単純な感覚でも、あらかじめそなわった感覚でもない（たとえデュシャンにおけるように対象が「既成の」ものだとしても）。もし芸術作品がそうしたものだとすれば、芸術作品は、それがそれであるところのもの、すなわち、変化しつつあったり、変容しつつあったり、有用であったり、とるに足らなかったりするだけの、たんなる対象でありつづけるだろう。芸術作品は、感覚の合成態であり、合成＝創作された感覚であり、素材の固有性を通して合成＝創作された感覚である。感覚は、芸術作品において色づけられたり、形づくられたり、形態化されたりするのではない。そうではなく、感覚は、芸術作品を通して力（主体と対象の両方の力）を色づけ、形づくり、形態化するのである。芸術は、ある被知覚態と変様態から、生物の生命をしるしづける次の被知覚態と変様態への移行において、移ろいやすく絶えず異なっていく時間的な変化のカオスのなかから、ひとつの眼差し、瞬間、所作、活動を拘束し、永遠に凍結する。芸術は、このような果てしない生成を芸術に固有の生成へと拘束する。芸術の対象は、いまや永遠の感覚となる。永遠というのは、感覚が時間の経過を通して連続的にまったく同じ仕方で経験されるという意味においてではなく、感覚がいまや絶対的に特異なこの微笑み、この黄色、この花へと、永遠に結びつけられるという意味においてである。物質が表現的になり、それ自身の質と感覚の生命を担う地点においてのみ、芸術は開始することができる。

感覚が効果を発揮することができるのは、素材が、つまり物質性それ自体が表現的になり、感覚へとはいっていき、みずからを変容し、みずからに新たな質を与えるかぎりにおいてである。これは意味作用の関係ではない。すなわちシニフィアン連鎖として理解される物質の平面と、シニフィエの領域である美的＝感性的な平面との関係ではない。むしろ、それは噴出あるいは創発の関係である。芸術の素材なしに芸術は存在しえないが、芸術的なものは、物質性からの噴出であり、飛躍であり、いまや質料へとはいったり質料から抽出されたりしながら質料を予測不可能な仕方で機能させるような、潜在性の跳ねあげである。感覚そして芸術作品は、意味したり表象したりしない（「いかなる芸術もいかなる感覚もけっして表象的であったことはない」（Deleuze and Guattari 1994: 193〔『哲学とは何か』三二五頁〕）。感覚は組みたてる。感覚はつくる。感覚は行う。感覚は生みだす。

芸術とは物質性が感覚へと生成すること、質料が感覚へと変容すること、芸術の主体と対象がそれら以上のものへと生成することである。そして、この生成は、主体と芸術の対象との相互的交流に深く結びついている。芸術は感覚を生じさせるものであるが、そのときそこにあるのは、主体、対象、そして一方と他方を互いに結びつける没入の関係だけである。芸術によって主体と対象の差異、そしてそれらの共約不可能性は祝福され、開かれ、精緻化される。芸術とは、たんに純粋で単純な感覚を構築することではなく、それぞれの芸術に固有の仕方によって、他の先行する感覚を新たな感覚へと総合すること、そして合成＝創作平面から召喚された他の感覚を凝固させ、再循環させ、変容させることである。実のところ、生成そのものを、少なくとも二つの感覚がひとつになることとして、すなわち、一方の感覚が他方のなかで顕在化する変容の運動として理解することができるかもしれない。[16] 芸術は、このような複合および合成＝創作のプロセスであり、無からの純粋な創造ではなく、生を触発する力、感覚、力能を、物質性からひきだす行為なのだ。すなわち芸術は、以前には存在しなかった、そして未来の感覚や新たな生成を召喚し、産出する、そうした生成なのである。

他なるものへの生成

感覚はつねに複数の要素から成りたっているが、それは感覚が合成＝創作されているということでもある。感覚は何よりもまず被知覚態と変様態からつくられており、主体と対象のあいだで産出されるエネルギーの力からひきだされる。しかしこのとき主体と対象は、いわば空中で拘束され、そこで純粋な運動あるいは移行として生きるのである。感覚は、可動的な力、流動化する力であり、完全に主体的であったり経験的であったりすることはない（ドゥルーズはこの点で現象学に異議をとなえる）。とはいえ物質的な対象と同じように完全に対象的であったり測定可能であったりすることもない。感覚は主体的対象性あるいは対象的主体性、すなわち主体と対象の中間であり、一方と他方が互いに転換しうる点である。だからこそ、物質的な要素の合成＝創作としての芸術は、つねに物質以上のものであり、自然の世界、すなわちカオスのうちに含まれているものではなく、そこから抽出されてくる強度を生物がとりあつかったり享受したりする主要な――おそらく唯一の――仕方なのである。芸術とは、強度がもっともよく馴染む場所であり、質料が無に帰されることなくもっとも希薄化される場所である。おそらく私たちは、芸術における質料を、もっとも拡張した質料として、すなわち精神にもっとも近い質料として、心収縮や圧縮ではなく心拡張や増殖として、そして生成がもっとも直接的に力のなかにある場所として理解することができる。芸術とは、生がもっともたやすくみずからを変容させる場所、すなわち、あらゆる生成が通過しなければならない不確定ゾーンである。この意味において、芸術は政治のアンチテーゼではなく、別の手段による政治の継続である。◉17

◉16 「構成的な水準の差異や、構成要素となる領域の複数性を包みこむこと、これこそが感覚の本性である。あらゆる感覚は……石灰岩の形象のなかのように、すでにひとつの「堆積した」あるいは「凝固した」感覚である。それゆえ、感覚には、還元不可能な仕方で総合的な性質がある」（Deleuze 2003: 33）〔『感覚の論理学』五六頁〕。

◉17 ドゥルーズは、ジェラール・フロマンジェの作品についての刺激的でやや奇妙な議論のなかで、芸術が肯定と喜びをともなう政治であると主張してもいる。「それ［フロマンジェの作品］は、奇妙なものであり、彼が破壊しようと願っているまさにその世界のなかで彼が愛しているものゆえに、ある革命的なものが働く仕方なのである。いかなる革命的なものもなく、ただ喜ばしいものだけがあり、喜びなしには政治的にも美的＝感性的にも革命的な絵画などありえない」（Deluze and Foucault 1999: 76–77）。

感覚には二つの次元、二つのタイプのエネルギーがある。すなわち感覚は、被知覚態と変様態から合成＝創作されている。感覚は感情から変様態を、知覚から被知覚態を抽出することを目標とする。すなわち感覚は、感情と知覚を脱肉化し、脱主体化する。[18]感覚は物質性がもつ有限性からは区別されるある種の永遠のなかに、すなわち事物の表面上の非物体的な出来事のなかに存在する。まさにそれと同様に、感覚は生物とその対象との関係、あるいは生物とその環世界との関係を際だたせる知覚や感情からは独立している。感覚は合成＝創作平面それ自体と同じく、そこにおいて創発が起こる非物体的な境目であり、[19]いまだ合成＝創作平面の彼岸あるいは此岸にのみ、つまり平面の向こう側、カオスの側にのみ存在している力が、予測不可能で抑制不可能な仕方で溢れでてくることである。この意味において、芸術とは、カオスの断片が感覚のなかへと回帰しうる仕方なのである。このように芸術は、私たちがそこから出来してきた、生きられえないものへと私たちを回帰させ、また、生きられえない来るべき力能の徴候を私たちに与えるのである。被知覚態と変様態は非人間的な力であり、人間はそこから自己の変容と乗り越えに与しうるものを借りてくる。被知覚態と変様態は「来るべき民衆」を召喚する。それは、大衆や聴衆ではなく、[20]非人間的な何かである。

変様態は、人間がみずからを乗り越える仕方である。変様態は、「人間の非人間的なものへの生成」であり、人間がみずからを超出するための潜在的条件であり、みずからを芸術作品にすることによって、つまり感覚の存在へとおのれを転換することによってこの超出を祝福するための潜在的条件である（超人だけが喜びの変様態のみをもってそれを行うことができるように）。変様態は人間の他なるものへの生成であり、人間とそのような他なる動物との近接ゾーンの創造であり、人間が通過することのできる微小な／コズミックな生成である。[21] 変様態は人

◉18 「芸術の目的は、対象の知覚から、そして知覚する主体の状態から、被知覚態をひき離すことであり、ある状態から別の状態への移行としての感情から、変様態をひき離すことである。感覚のブロックを、つまり純粋な感覚の存在を抽出すること」（Deleuze and Guattari 1994: 167〔『哲学とは何か』二八一頁〕）。

◉19 事物の状態の表面に位置づけられる非物体的なものとしての出来事に関するさらなる議論については、Deleuze 1990: 6-8〔『意味の論理学』上、二四―二九頁〕を参照。

◉20 ライヒマンが明らかにしているように、「「芸術への生成」の前提条件として、いまだなきものを「大衆」と混同すべきではない。このことは反対に、芸術（そして思考）がけっして「コミュニケーション」の問題ではない理由、［ドゥルーズとガタリにとって］つねに「コミュニケーション」が豊富すぎる理由を説明してくれる」（Rajchman 2000: 122）。コールブルックも同様のことを指摘している。「被知覚態と変様態は、生命と連続しておらず、意識による総合の活動の効果ではない。変様態と被知覚態は、自分自身だけでたっており、自己構成する意識がもつと想定されているいかなる独立性をも無効にするような、ある自律性をもっている」（Colebrook 2006: 94）。オサリヴァンも参照。「芸術は、存在論的に難しいものである。それは、すでに構成された聴衆のためにつくられるのではなく、実際は、聴衆を新たに生みだす」（O'Sullivan 2006: 68）。

◉21 「生成は、二つの感覚のカップリングの内での極端な接近である。そのとき、二つの感覚は類似しない。あるいは、反対に、それらを単一の反映のなかに捕獲する光から隔たっている」（Deleuze and Guattari 1994:

間と、人間がそこから出来してきた動物との、あの境界へと合図を送るのである。

変様態が非人間的なものへの生成に対する主体の関係であるなら、被知覚態は「自然の非人間的な風景」(Deleuze and Guattari 1994: 169〔『哲学とは何か』二八五頁〕)である。被知覚態は、(ベルクソンが示したように)[22] 自然淘汰を通して生物をその世界へと適合させてきた知覚の進化的な関係が、発明や実験や芸術のために、それとは別のもの、より以上のものへと変容することである。知覚と感情、すなわち日常的な生のなかで生きられる力が、このような(進化的な)文脈からひき離されうるのは、自然的なものや生きられたもののなかにある潜在的なものが探究され、日常的なものや同化可能なものの規範化された語りに対する多大なる努力や危険によって、いくつもの奇妙な結びつき——明確な点や価値をもたない結びつき——が精緻化されることによって、当の自然的なものや生きられたものそれ自体が変容するかぎりにおいてである。知覚の素材——事物の状態と主体の身体的な関係——は、生きられえない被知覚態の源泉となる。感情の素材——私たちの苦しみ、喜び、恐怖、私たちの生成、私たちがひき受ける出来事——は、私たちが非人間的なものへと変容する可能性の表現となる。知覚は変様態によって覆われる。ベーコンの作品において、法王、あるいは脱肉化された口は、叫びを受肉するようになり、ファン・ゴッホの頭は、ひまわりへの生成の網のなかに捕獲される。そして、感情は、セザンヌの山や風景、あるいはジョージア・オキーフの南西部〔アメリカ南西部の風景〕におけるように、被知覚態へと埋めこまれる。

芸術は自然的世界や社会的世界が機能する仕方から切り離されていないという意味では、自己完結した活動ではない。しかし芸術は、そのような世界に向けてとりつけられた窓ではないし、そのような世界を表象したり探究したりする仕方でもない。それは社会的あるいは政治的な分析や、哲学的な思弁にとって代わるものではない。むしろ芸術は、強度が増殖する場所、力が自分自身の目的のために表現される場所、感覚が住みつき実験する場所、未来が感情的、知覚的に期待される場所である。芸術は特質や質——音楽における音、リズム、ハーモニー、絵画における色、形態、表面と奥行の関係、可視性と不可視性の関係、彫刻と建築における平面、ヴォリューム、表面、空《ヴォイド》、等々——が、未来を表象し、来るべき感覚、来るべき民衆、来るべき世界や宇宙を先導し召喚する役割を担う場所である。芸術はきわめて政治的である。しかしそれは、芸術が集団的あるいは共同体的な活動であるという意味においてではなく（そ

173〔『哲学とは何か』二九一頁〕。

◉22　ベルクソンは、ドゥルーズが依拠している知覚に関する議論のなかで、知覚を、総合されたものを磨きあげること、すなわちやせおとろえさせる能力とみなしている。知覚とは、自然を図式化し単純化するものであり、その図式化と単純化の結果として、生物は、習慣による制御を通して知覚的に予期可能なものを携えて、自然のなかで機能することができるようになる。知覚は、生物をその世界に適合させ、その世界内で価値をもつ対象を生物に適合させる。それは順応の様態である。Bergson 1988: 93–94〔『物質と記憶』一三三頁〕を参照。

うであることもありうるが、普通は違う)、私たちが知っているもの以上の、さまざまな新しい感覚の可能性を精緻化するという意味においてである。芸術は、大地の生成が生の生成とカップリングして強度や感覚を生みだす場所であり、その強度や感覚は、それ自身のうちに新しい種類の生を召喚する。

これこそがまさにあらゆる芸術の責務であり、音楽も絵画も同じく、色や音から、大地の歌と人間たちの新たなハーモニーを、新たな可塑的な風景あるいはメロディーの風景を、新たなリズムの人物を抽出し、これら抽出されたものによって、当の色や音は大地の音や人類の叫びの高みへと上昇する。つまり、音楽と絵画は、トーンや健康や生成を構成するものを、視覚的ブロックや音響的ブロックを抽出する。モニュメントは、起こったことを記念したり、祝ったりするのではなく、出来事を具現化する執拗な感覚を、未来の耳に託す。

(Deleuze and Guattari 1994: 176〔『哲学とは何か』二九七—二九八頁〕)

感覚はプロセス‐内‐主体(subject-in-process)の可能的な生成だけでなく、来るべき民衆や宇宙の可能的な生成をも発動させる。それは、新しい世界の、そしてその世界に住まいその世界を経験する新しい民衆の創造の可能性(潜在性と対立するものとしての可能性)である。[23]
芸術作品は読まれたり、解釈されたり、解読されたりすべきものではなく、応答され、触れられ、とり組まれ、強度化されるべきものである。芸術作品は何かを意味したりしない（あるいは意味するとすれば自分自身だけを意味する）。そうではなく、芸術作品は感覚を実在的なものにする。「モニュメントは、潜在的な出来事を現働化するのではなく、それを具現化し、受肉する。モニュメントは、潜在的な出来事にひとつの身体、ひとつの生、ひとつの宇宙を与える」（Deleuze and Guattari 1994: 177〔『哲学とは何か』二九九頁〕）。

身体を直接触発するこのような力能や力を、感覚に与えるものは何だろうか。ドゥルーズが主張するには、感覚は還元不可能なものではなく、すなわち純粋な所与ではなく、それ自体が、振動を縮約するという感覚がもつ能力の結果である。感覚は刺激であり、対象から抽出されるものだが、それが生へと伝達され、その結果生を直接触発するかぎりにおいて、質によって、強度によって生気づけられている。感覚は自分自身を保存する振動的刺激であり、それが物体的な効果を産出しつづけるかぎりにおいて、すなわち、神経系に衝撃を与えつづけるかぎりにおいて、物質の振動的な力である。[24] 感覚はそれを合成＝創作するもの、すなわち振動——色、

◉23 「〔来るべき〕宇宙は、潜在的でも現働的でもない。それは可能的であり、美的＝感性的カテゴリーとしての可能的なものである……出来事が、潜在的なものの実在性であるのに対して、それは可能的なものの現存である」（Deleuze and Guattari 1994: 177〔『哲学とは何か』二九九—三〇〇頁〕）。

◉24 ドゥルーズはこれについて「感覚は振動である」（Deleuze 2003: 39〔『感覚の論理学』六五頁〕）と明示的に述べている。

形態、平面、空《ヴォイド》――を縮約し、その結果、それらは表現的になり、触発的になる。そしてそれらは、現在のなかで来るべき世界へと合図を送り、現在の生ける神経系において可能なかぎりで、その世界に衝撃を与える。◉25 感覚は政治とは異なり、現在とは別の未来を約束したり、上演したりするのではなく、力を与え、衝撃を与える。すなわち、感覚は、身体の神経、器官、筋肉に直接到来するものの徴候なのである。身体はいまや、他の力や生成へと開かれるのであり、身体はまた、そのような力と生成を、未来のなかで、そして未来として、肯定するかもしれない。

振動の縮約としての感覚は、コスモスの力――私たちがカオスとして経験する、知ることも抑制することもできない力――と、身体の（潜在的な）力――そこには身体が別様のものになるポテンシャルが含まれている――を、媒介するものである。感覚は生ける身体を、宇宙そのもの（の部分）の共振によって満たす。すなわち身体を、表象することも知ることもできないこれらの力へと、つまり他なるものへの生成の力へと開いてくれる振動波によって、その身体を満たすのである。身体は、このような力を含みもっているのではなく、このような力によって触れられ、別様のものになるいくつかの可能性へと開かれるのであり、その可能性は、宇宙がこの力を通して含みもつものである。

感覚を描くこと

音楽が音楽によってでなければ聴きえない力を鳴り響かせようとするように、絵画は見えない力を見えるようにすることを目指す。いかなる種類の芸術も、表象しえないものを表象することを目指している。すなわち塗料、石、鉄、メロディーをもちいて、見えない力、聴きえない力を呼びだすことを目指している。その力は、別の種類の芸術によっては表象しえず、別の種類の芸術によって表象されるならば、別の種類の感覚を生じさせるだろう。いかなる種類の芸術も、たとえ歴史的および地域的な特殊性においてきわめて個別的なものだとしても、他のあらゆる芸術によって等しくアクセス可能なものを捕獲することを目指している。それはある種の土台や統一性ではあるが、その統一性は、宇宙そのもの、物質性、宇宙の力――この力は、

◉25 「感覚は興奮そのものである。しかしそれは、感覚が徐々に反応へと伸びていき、反応へと移行するかぎりにおいてではなく、感覚がみずからを保存し、みずからの振動を保存するかぎりにおいてである。感覚は、神経の表面で、あるいは脳の容積のなかで、刺激を与えるものの振動を縮約する。先行するものは、後続するものが現れるとき、まだ消えない。これが感覚のカオスに応答する仕方である。感覚は振動を縮約するがゆえに、それ自身が振動する。感覚は振動を保存するがゆえに、それ自身を保存する。感覚は〈モニュメント〉である。感覚は、みずからの倍音たちを共振させるがゆえに、それ自身が共振する。感覚とは縮約されることで質や変化性へと生成した振動である」(Deleuze and Guattari 1994: 211〔『哲学とは何か』三五五―三五六頁〕)。

あらゆる生命形態に影響を与え、それら生命形態は、それぞれ異なる仕方で触発される——、これらの差異を保持したままの統一性である。だからこそ、いかなる種類の芸術も他のすべての種類の芸術の断片や残滓を携えている。ベーコンは、叫んでいる法王からひとつの叫びをひき離すとき、叫びが上演する見える力だけでなく、また、先行するいくつもの法王の表象がもつ力や強度だけでなく、叫び－感覚を、その豊かな多感覚性において法王に与える。彼が「恐怖よりも叫びを描く」(Deleuze 2003: 34〔『感覚の論理学』五七頁〕. ベーコンからのドゥルーズによる引用)ことを試みたとき、その叫びが感覚として機能することができるのは、私たちがその叫びを感じることができ、聴くことができるかぎりにおいてである。すなわちその叫びが、ひとつの視覚的な叫びとして振動し、それにもかかわらず、ひとつの聴覚的な叫び声としても機能するかぎりにおいてであり、その叫びがひとつの叫びとして私たちを貫いて共振し、振動するかぎりにおいてである。

音楽があらゆる感覚と身体全体を耳へと圧縮して詰めこむように、絵画はあらゆる感官を、眼を通して機能させることを目指している。しかしまた、音楽が私たちに色や形や形態を聴かせることを目指すように、絵画は私たちに音を見えるようにすることを目指すのである。いかなる種類の芸術も、新たな対象や新たな形態の創造のみに関わっているのではなく、身体器官の変質にも関わっている。いかなる種類の芸術も、感覚する身体全体を通して共振し、ひとつの共合成＝共創作〔co-composition〕のなかで、さまざまな要素を捕獲する。この共合成＝共創作は、みずからのうちに、他の種類の芸術や感官の残滓的な効果の振動と共振を、つまり根底的なリズムを携えている。絵画は、眼を可動的にし、身体のいたるところに位置づけ、見えないものを見えるようにするだけでなく、見えるものを触れうるようにしたり、聴きうるようにしたりもするのである。[26]

感覚が産出されうるのは、芸術が、他の芸術もまたそれぞれに固有の仕方でアクセス可能な何かを、すなわち、あらゆる種類の芸術が共有する何かを生じさせるかぎりにおいてである。その何かとは、芸術を可能にし、芸術を、宇宙の（見えない、聴きえない、触れえない）力と、生ける身体をつくりあげている神経や器官の感覚的な塊がもつ（見えない、聴きえない、触れえない）力の、両方へと結びつける力である。というのも感官――なぜ感官かというと、いかなる芸術も少なくとも感官のうちのひとつを強度化することへと方向づけられているからであ

◉26　「絵画は……色と線を通して眼に備給する。しかし絵画は、眼を固定された器官としてあつかうのではない。……絵画は私たちのいたるところに眼を与える。耳のなか、胃のなか、肺のなかに（絵画は呼吸する……）。絵画には二つの定義がある。主体的には、絵画は眼に備給し、その眼は有機的であることをやめ、その結果、多価的かつ一時的な器官となる。対象的には、絵画は身体の現実を、つまり、有機的表象から解放された線と色の現実を、私たちの前にもたらす。そして、一方は他方によって生産される。つまり、身体の純粋な現前が見えるようになるのと同時に、眼はこの現前の運命づけられた器官となるのである」（Deleuze 2003: 45〔『感覚の論理学』七四頁〕）。

る（結局のところ、身体のすべての知覚器官に対応する芸術がある）——は、他のすべての感官もまたそこへとひきこまれる宇宙の力に訴えかけるからである。[27]
ドゥルーズの主張によれば、これはある共通の力、つまり宇宙そのものに由来し、物質的な形態から感覚を産出するあらゆる芸術と生ける身体によって共有される力がまさに存在するがゆえのことである。この力は、感覚を非人間的な力への神経的反応として構成する振動的な力である。もしかしたら、それは、原子よりも小さい粒子そのものがもつ振動的な構造のことかもしれない。おそらくこの振動の結果と共振の効果こそ、そのなかで生物が、内側から生成し変化することを強いられるような、そして自分たちを強度化しさらなる変容へと拡張してくれる感覚、変様態、被知覚態を探すことを強いられるようなひとつの宇宙を産出するのである。おそらくそのような共振こそ、芸術が合成＝創作というおのれの活動を担う際の手段そのものを創造するのである。たとえば、共振の秩序化と構造化としての、さまざまな振動的な力の出会いとしてのリズムを創造すること。[28]
視覚や聴覚よりも「より深い」ものとしてのリズム（私たちは、振動と同じく、これを差異の別名として理解しなければならない）は、対象から器官へと、そして器官から器官を惹きつける対象へと、さらにそのような対象と器官の関係から感覚をもたらす芸術の対象へと駆け抜けていくものである。リズムは宇宙から芸術作品へと、そして身体へと直接伝達され、身体から芸術作品へと、そして宇宙へと伝達され返す。リズムはそのように循環するにつれていっそうみずからを強度化し、複雑化する。ドゥルーズはここで、マルディネの著作に影響を受けている。マルディネはシュトラウスやメルロ＝ポンティを受けつぎながら、彼らの哲学を洗練させ、修正し、感覚そしてまさに芸術作品の出現を、ある種のオートポイエーシスとして、すなわち自分で自分を維持する形態の噴出として理解する（Maldiney 1973: 155–157）。リズムは、

◉27 「色、味、手触り、匂い、雑音、重さ、これらのあいだには、ひとつの実存的な交流があり、この交流が、感覚全般の「感受的な」（非表象的な）契機を構成するだろう。たとえば、ベーコンの描いた闘牛においては、私たちは獣の蹄の雑音を聴く……そして、スーチンの作品においてそうであるように、肉塊が表象されるそのたびごとに、私たちはそれに触れ、それを嗅ぎ、食べ、その重さを感じるのである。……それゆえ、画家は、感官のある種の根源的統一を見えるようにし、多感覚的な〈形象〉をついには視覚的に現れさせるだろう」（Deleuze 2003: 37〔『感覚の論理学』六二頁〕）。

◉28 「[芸術が互いに対してもつ多孔性が]可能になるのは、特定の領域の感覚（ここでは視覚的感覚）が、あらゆる領域を超過し横断する生命の力能に、直接的に触れる場合に限られる。この力能とは〈リズム〉であり、それは見ること、聴くこと等々よりも深い。リズムは、聴覚的水準に備給するときは音楽として現れ、視覚的水準に備給するときは絵画として現れる。これは、セザンヌがいっていたように「感官の論理」であり、この論理は合理的なものでも知的〔大脳的〕なものでもない。したがって、もっとも重要なのは、感覚とリズムの関係であり、その関係が、感覚のなかにさまざまな水準と領域を位置づけ、それら水準と領域を感覚は通過していく。このリズムは、まさにひとつの楽曲を駆け抜けるように、ひとつの絵画を駆け抜けるのである」（Deleuze 2003: 37〔『感覚の論理学』六二―六三頁〕）。

このような形態－産出に本来的にそなわっており、それを生みだすものであり、それを終わらせたり解消したりすることはけっしてない。「同じものの回帰において永続的に変容しつづけるこのような形態化しつつある形態の意味＝方向は、まさに、リズムの意味＝方向である」（Maldiney 1973: 157）。

マルディネにとって、形態はつねに生成のプロセスのさなかにあり、与えられたり完結したりすることはけっしてない。形態はある三重の運動を通して産出される、あるいは自分で自分を産出するのだが、ドゥルーズもまた、みずからの感覚概念を説明するために、この三重の運動を援用している。第一に生ける存在者に対する存在のカオスの実存的開示、ひとつの動物－開示がある。それは、生命がコントロールすることはできないが、しかし自分自身を適切に位置づけえないまま、それでも占有し、生き抜かなければならないような世界の永続的な生成である。いまだ構造化も形態化もされざる感覚の渦巻くカオス。生命の源泉。生命にとって潜在的に過剰なもの、圧倒するもの、息をのむもの。セザンヌはこれを「虹色のカオス」、「深淵」、「カタストロフィ」と呼ぶ。それは彼が描こうとしているときに観照している風景へのある種の溶けこみであり、開かれでもある（Maldiney 1973: 150; Deleuze 2003: 83〔『感覚の論理学』一三七頁〕）。それは視覚的座標、方向定位、対象から距離をとり分離した主体の位置どり、これらのある種の崩壊である。第二の運動はカオスの力の心収縮的な圧縮あるいは拡張であり、いまやカオスの力は、形態、形、パターンへと凝縮される。それは、騒々しい振動からのリズムの抽出である。主体と対象は徐々に識別可能になっていく。セザンヌにとって、これは「強情な幾何学」、「地質学的な層」が、主体から分離したものとして、すなわち観察されるべき重みをもった対象として現れてくる瞬間である（Maldiney 1973: 150）。第三の運動において心拡張的な拡大が起こり、それによって形態や存在者は変容し、溶解し、感覚の共振へと差し戻されてぼやけていく。セザンヌにとって、これは「ある空気のような色づいた論理が、突如として強情な幾何学にとって代わる」瞬間であり、「地質学的な層、準備作業、デザインの瞬間が、カタストロフィのなかにあるように、崩壊し、砕け散る」（Maldiney 1973: 185）。心収縮と心拡張の関係は、リズムの観点から正確に定義することができる。つまりそれは、測定可能で数学的に決定可能な外的で完結した形態としてではなく、数えあげることができず、つねに生成のさなかにある開かれた持続として定義することができる。リズムはカオス、身体、感覚、そしてそれらの相互の結びつき、これらを構成する振動のさまざまな波長の長短を差異化する力なのである。

マルディネは、芸術における没入と歪形の増大をこのように示しているが、それはただちに、セザンヌの作品と同じく、ベーコンの作品にも当てはまる。ドゥルーズにとって、ベーコンの偉大さは、他の誰ももちあわせていない以下の三つの種類の力を捕獲する才能にある。第一には心収縮的な隔離の力である（ベーコンはこの力を〔キャンバス上の〕色の薄い領域において見えるようにする。この可視化は、この領域ないしプラットフォーム、すなわち幾何学的形象が、ひとつの形象を隔離し拘束するようにしてなされる）。第二には心拡張的な歪形の力である（この力は、身体を大地に押しつけ、砕け散らせ、ぺちゃんこにする。身体はそこで、何か別のものへの、たとえば鳥－傘や肉片への生成のただなかにある）。第三には消散の力である（この力のなかで、形象は、微笑みだけを、叫びだけを残して消えていく）。分離し、押しつけ、おのれがそこから抽出されてきた深淵やカオスへと再び消えていく三つの見えない力。ここにおいて芸術とは、隔離、歪形、消散という三つの力の表現としての肉塊－感覚の生産である。

この運動は、ベルクソンによって精緻化された直観の運動にほかならない。直観の運動においては、哲学的主体はあらかじめ知られたパターンや予想なしに、自分自身を世界内の事物のただなかに置かなければならない。そして哲学的主体はこの没入を通して、徐々に、努力しながら、学習しながら、事物のあいだの自然の分節であったり、事物や出来事のなかで差異がもっとも直接的に出現する場所であったりを識別するようになる。[29] このような識別によって、哲学的主体は、互いに結びついた事物から、互いに質的に異なる事物を分離しつつ、これら本性の差異が実のところ程度の差異のバリエーションであることを学ぶようになるとともに、それら差異の場所を、開かれたひとつの全体として理解することができるひとつの宇宙のなかに見いだすようになる。[30] これもまたカオスから、絶対的に個別的なものあるいは特異なものへの生命の没入を経て、無限へと向かう三重の運動である。ベルクソンにとって直観は、既成の概念、オピニオン、あるいはドゥルーズが紋切型と呼んで批判するもの、これらの外部で、あるいはそれらの彼方で、新たなものを理解することができる仕方である。[31] おそらく、ベルクソンにおける識別する主体がその極致を見いだすのは、抽象的なものへと向かう方向性をもつ哲学者の理論的思弁のなかではなく、その創造行為の領域が何よりもまず持続的であるような芸術家や作家や音楽家のなかであろう。

あらゆる芸術に共通の基盤は、見えない力や聴きえない力のリズム的な宇宙、それらの還元不可能な仕方で持続的な宇宙であり、その力の秩序は、経験によって識別することはできず、

◉29 とりわけ *The Creative Mind*（Bergson 1946〔『思考と動き』〕）を参照。

◉30 「[知は] 無際限に分割された時間のなかで互いに交代していく瞬間の不連続性をではなく、流れつづける分割不可能な実在的時間の連続的な流動性を知覚するだろう。知は何らかの中性的な素材を継続的に覆っていき、そこに現象と実体という不思議な関係を工面するような表面的な状態をではなく、そこにおいてすべてが生成であり、それ自体が実体的であり、いかなる支えも必要としないメロディーのなかのように、絶えず伸長しつづけていくひとつの同じ変化を捉えるだろう。もはや不活性な状態はなく、死せる事物もない。あるのはただ、運動性だけであり、その運動性から生命の安定性がつくられているのである。この種のヴィジョンにおいては、現実は連続的で分割不可能なものとして現れるが、このヴィジョンは、哲学的直観へといたる道の途上にある」（"Philosophical Institution," Bergson 1946: 150–151〔「哲学的直観」『思考と動き』一九七頁〕）。

◉31 ドゥルーズは、早くも『意味の論理学』において、オピニオン、ドクサ、「良識」、生命がたてる問題についての他の自己満足な解に対する同様の軽蔑を示している。

それゆえせいぜいカオティックなものとして経験され、生きられるしかないものである。これら非芸術的なカオティックな力、生きられる身体へとみずからをあらわにすることがない力は、それら力を視覚的あるいは聴覚的な消費へと展開する合成＝創作のプロセスとしてでなければ、生きられえない。それらは、根本的に非人間的なものである。感覚は非有機的な生を、すなわち「生きられえない力能」の生を生きる。これらの力は私たちを貫き、私たちに働きかけるが、私たちはそれらを生きることができない。私たちにできることは、これらの力からその幾分かを抽出することである。それらの力が自分自身を提示することができない以上、そうして抽出されるものは、当の力に類似するものではない。しかしそうして抽出されるものは、力に由来し、力を分かちもつものである。ベーコンは、ある種の重力を抽出する。この力は、結局のところ、身体を痙攣させ歪形する力であるが、その痙攣と歪形は、責め苦によるものではなく、肉が骨から落ちて肉塊になるまでぺちゃんこに潰れた日常的な姿勢によるものである。ベーコンは、見えも聴こえもしない引力を捕獲することによって、肉塊－感覚を産出する。芸術はいずれも、これら基本的な力、生物としての私たちに衝撃を与える力、つまり「圧力、慣性、重力、引力、天体の回転、発芽」(Deleuze 2003: 48〔『感覚の論理学』八〇頁〕)といった力を提示する仕方へと、自分自身を差し向けるのである。

あらゆる芸術が互いに共有する力の共通の「土台」、あるいはそれらの統一性があるとすれば(それも、芸術と同様、カオティックな力の秩序化へとそれぞれきわめて異なる仕方で方向づけられた科学および哲学とともに）、それはこれまで存在してきたものの統一性のなかにではなく、ある共通の未来の統一性のなかにのみある。「未来の力能」とは、もっとも切迫した力であり、もっとも測り知れないものである。実のところ、ドゥルーズが示唆しているように、あらゆる芸術が共有しているのは、時間の力を捕獲すること、感覚を未来の力へと開くこと、持続をコントロールしたり理解したりするためではなく（持続は、コントロール不可能なものであり、自己同一的なものがつねに変化しつつあること、つねに他なるものであること、けっして現働的ではないことを保証する）、持続を可能なかぎりにおいて生きるために時間を感覚可能にすること、これらの目的なのかもしれない。たとえこれらを捕獲し、開き、感覚可能にすることが、異なるものへの生成を意味するとしても。「〈時間〉を感覚可能にすることそれ自体が、画家と、音楽家と、そしてときに作家の、共通の課題である。それは、あらゆる尺度や拍子の彼方にある課題である」（Deleuze 2003: 54〔『感覚の論理学』八九頁〕）。◉[32] この目標こそ時間を感覚可能にする仕方、時間を感覚的に共振させる仕方をつねに探しつづけることで、芸術それ

◉32 「視覚的感覚は、当の感覚を条件づけている見えない力に直面するとき、その見えない力に打ち勝つことができる、あるいは「少なくともベーコンの場合には」それと友になることができる力を解放する。生は、死に向かって叫ぶのだが、しかし死はもはや、私たちを卒倒させるあまりに見えすぎるもの〔all-too-visible thing〕ではない。死とは、生がその叫びを通して発見し、駆りたて、見えるようにするような、見えない力のことである」（Deleuze 2003: 52〔『感覚の論理学』八七頁〕）。

自体を永遠的なものにする。というのもいかなる芸術も、新たな技法、新たな力とエネルギーを発明することを通してでなければ、時間を凍結したりその力を変容させたりすることはできないからである。

今日の絵画

二〇世紀以降の芸術である現代絵画は、ここでの議論の目的上、三つの大きな流れへと分けることができる。その三つの流れは、それらが感覚とカオスの関係を制御する仕方によって、互いに区別される。そのいずれもが、具象化の終わりに対する、そして一九世紀の芸術の形式である写真の登場によってもたらされたリアリズムと表象の危機に対する応答である。第一の流れは抽象化による応答である。これは、マレーヴィチからモンドリアン、クレー、カンディンスキーその他へといたる、ロシア構成主義の流れである。ドゥルーズによれば、ここでカオスは芸術の源泉でありつづけているが、しばしば神秘主義的なコードによって厳密にそして慎重にコード化されており、その結果、視覚的な幾何学、つまり芸術におけるプラトニズムが生みだされる。このプラトニズムにおいて、芸術はある種の精神的救済の機能を担う。[33]

第二の流れは抽象表現主義である。これは、おそらくターナーの眩暈がするような不確かな形態とともにはじまったが、それがもっとも明白に表象されたのは、ジャクソン・ポロックおよびアクション・ペインティングによってである。ここでカオスは、コード化を通して方向づけられるのではなく「最大限に展開され」(Deleuze 2003: 68〔『感覚の論理学』一四〇頁〕)、作品それ自体を貫いて広がり、描かれた領域の隅々まで埋め尽くす。絵画は可能なかぎりカオスへの落下に接近する。視覚的あるいは幾何学的な〔原文は地質学的なgeologicalだが、文脈上幾何学的なgeometricalの誤植とおもわれる〕枠組みに代わって、触覚的なもの、触視的なものが支配する。パターンはもはや識別可能ではなくなり、準拠のためのあらゆる基準枠(トップ/ボトム、図/地)は転覆される。こうして眼は、手(そしてひとつの全体としての身体)のカオティックでランダムな運動のなすがままになり、それゆえに混乱させられる。[34]

このようにここまでで私たちは、ある種のコード-絵画とある種の破局-絵画の両方を見て

---

[33] 「〔抽象は……〕私たちに、ある禁欲を、ある精神的救済をもたらす。抽象は、強力な精神的努力を通して、みずからを具象的所与のうえへとひきあげる。しかし抽象はまた、カオスを、抽象的かつ意味的な〈形態〉を発見するために私たちが横断しなければならないひとつの単純な小川へと変える」(Deleuze 2003: 84〔『感覚の論理学』一三八頁〕)。

[34] 「結局のところ抽象絵画こそが、純粋に光学的な空間を生みだし、精神の眼を優先して触覚的参照項を抑圧したのである。抽象絵画は、眼がいまだ古典的表象のなかでもっていた手のコントロールという課題を抑圧した。しかしアクション・ペインティングは、まったく異なることをする。それは、古典的従属関係を転倒させ、眼を手に従属させ、眼に手を押しつけ、水平面を地面へと置き換える」(Deleuze 2003: 87〔『感覚の論理学』一四四頁〕)。

きた。第三の流れは具象芸術と抽象主義の中道にあり、ドゥルーズはそれをリオタールに倣って形象的なものとして記述する（Lyotard 1971〔『言説、形象』〕）。ドゥルーズはここに、（抽象化とは異なり）絵画の直感的な力に訴えながらも、（表現主義とは異なり）その力を描かれる領域の全域に広げるのではなく一部に抑える作品（たとえば、セザンヌ、ベーコン、スーチンの作品）を含めている。ドゥルーズにとって形象的なものは、具象化の終わりであり、表象や意味作用や語りとしての芸術の放棄である。しかし形象的なものは、身体、平面、色の保持に関わっており、これら身体、平面、色を具象的なものから抽出するのである。形象的なものは、扇情的なものの歪形であり、感覚への具象的なものの服従である。それは「アナログ言語」としての、つまり色、形態、身体の形、叫び、これらの非表象的な「言語」としての芸術の展開である。[35]

私自身は、このような図式に対して特別に時間を割いてとり組んだことはない。この図式は、異議を唱えることができるものだし、過去百年の芸術についての網羅的な外観ではないことは間違いない。私がより関心をもつのは、ドゥルーズがベーコン論を書いたときにはほとんど出現していなかったある芸術に注目すること、そして、芸術についてのドゥルーズの考え方が、私たちがオーストラリアの西部砂漠の芸術家たちの芸術を理解するのに、いかに役だち、意味のあるものかを見ていくことである。[36]私は、現代のアボリジニ芸術がドゥルーズ的であるなどといいたいのではない。いかなる芸術もドゥルーズ的ではないのだから。せいぜいドゥルーズは、感覚あるいは視覚だけが手にいれることができるものとは別のさまざまな芸術の次元を理解するのに役だつ、あるいは役にたたない、いくつかの概念を提供しているだけである。ドゥ

◉35 「「アナログ言語」は脳の右半球に、より正確には神経系に属するといわれているのに対して、「デジタル言語」は脳の左半球に属するといわれている。アナログ言語は関係の言語であり、この言語は表現的な運動、パラ言語的な記号、息、叫び、等々から構成されている。……より一般的にいえば、絵画は色や線を言語の状態へと上昇させるのであり、絵画はひとつのアナログ言語なのである。絵画はつねに際だったアナログ言語だったのではないかと考えてみることさえできるかもしれない」(Deleuze 2003: 93〔『感覚の論理学』一五二頁〕)。

◉36 西部砂漠の芸術には、抽象主義と関連づけられる解釈実践ときわめて密接に対応した何かがある。だからこそ、ほとんど最初から、先住民芸術家たちが比較的容易に受容されたのかもしれない。「西部砂漠の絵画の基礎技法であるドット、線、モノクロの背景、重ねあわせの効果は、西洋現代絵画にとっても基礎的なものである。だからこそ、一九七〇年代と一九八〇年代初期の鑑賞者たちには、その成果がモダニズム的な抽象に見えたのである。しかし〔西部砂漠の絵画の〕画家たちは、これらあらゆる方法を、自分たち自身の儀式用絵画や、地面に描かれるモザイク画の古い儀礼からひきついだ。古典的な西部砂漠の絵画は、実際の地理上の儀式を曖昧に描き、そのなかで、これら儀式の結びつきはドリーミング〔アボリジニの創世神話にある自らの精霊の旅を語り伝えること〕の守護者によって再確認される。こうした内容は、抽象象徴主義のコードをもちいた首尾一貫した視覚的イメージへと混ざりあっていくのだが、これに比べれば、抽象による近代西洋の実験は素朴なものに見える」(Art Gallery of New South Wales 2004: 26)。

ルーズは、ひとりの哲学者として、芸術が対処するのと同じ力を私たちが思考する方法を与えてくれる。

西部砂漠の芸術が魅力的なのは、たんにそれが、たかだか四十年前までは西洋の芸術実践にほとんど関係のなかった遊牧民的伝統に由来しているからだけでなく、[37] それが二〇世紀の西洋芸術を記述してきたカテゴリー化を公然と拒むものだからでもある。版画、蠟結染め、彫り物、彫刻に加え、アクリル画も含んだ西部砂漠の芸術の大部分は、抽象化、表現主義、形象的なものという「中道」の立場、これらのいずれかの様式の流派に分類されることなく、それら三つの立場を同時に占めているようにおもわれる。これらの芸術に共通しているのは、ひとつの(あるいはいくつもの)神秘的なコードへの妄執と、幾何学的形態および抽象化への魅了である。それらはまた、表現主義を特徴づける、リズムと力の、運動と受肉の直接的表現への関心をもっている。しかしセザンヌやベーコンの作品における形象と同様に、これら多様な作品においても、孤立したり、組になったり、閉じこめられたり、歪形されたり、見えない力に従属したりしている形象が、明らかに感覚の対象となっている。さらにそれらは、形象的でありながら、マルディネがいう意味での風景としても、つまりマッピングや座標化もされうるような、つまり地理学的にも機能しうるような、生きられる空間の空間化としても理解されなければならない。

私は西部砂漠の芸術についての(あるいは、さらにいえばいかなる芸術についても)特別な専門知識をもちあわせてはおらず、それへの関心がいまや雄弁に、そしてより直接的に表明されうる西部砂漠の芸術の作品について語ることも、それらの作品のために語ることもしたくない。だがそれにもかかわらず、いくつかの作品に注目して、それらがいかに領土、動物性、大地をひとつに結びつけ、感覚を産出しているのかを見ていきたい。[38] 私たちは、いくつかの例に

---

[37] アクリル塗料とキャンバスをもちいるドット・ペインティングの発端は、厳密に一九七一年に位置づけられる。ジェフリー・バードンが、地域コミュニティのメンバーとともに、パプンヤ・スクールのために西洋芸術の素材をもちいて壁画を創作する仕事をはじめ、その後、パプンヤ・トゥーラ芸術家協同組合が創設されたときである。バードン自身による説明（Bardon 2005）を参照。西部砂漠の絵画運動のさらに詳しい歴史については、Nicholls and North 2001 を参照。

[38] もちろんこれら深遠な芸術家たちの作品を美化して記述してしまうという現実的なリスク、そしてその作品――絵画作品も音響作品も含む――を、ある種の西洋化へと従属させ、作品から自立性を奪い、作品が位置づけられる固有の文化および歴史の文脈をとり去ってしまうという現実的なリスクがある。そもそも、西洋の読み手に向けて書かれたこのようなテクストのなかで、そのような作品に言及することそれ自体がすでに、略奪行為をなしてしまうことかもしれない。しかしこれはまた、西部砂漠の芸術家たちが（来るべき）鑑賞者を見つけ、自分たちの作品を西洋人に提示し、宣伝し、自分たちの作品について、たとえきわめておぼつかない仕方によってだとしても、英語で議論するための準備をする機会にもなる。西部砂漠の芸術の、第一世代の指導的な芸術家たちの多くが、オーストラリアの内部だけでなく、そしてオーストラリアの組織や、ギャラリーや、国家そのものからだけでなく、ヨーロッパや合衆国からも認知されるよう努めたことは、

注目することで、芸術と感覚、芸術と大地、芸術と身体についてのドゥルーズの思弁が、語り、表象、時間性に関するきわめて異なる伝統からやってくるこれらの作品との関係において、いかに支持されうるのかを理解することができる。

西部砂漠の芸術に原始的なところはまったくないことが明確にされなければならない。それは、無時間的な伝統的先住民芸術の形式ではなく、むしろ現代芸術へのきわめて最近の貢献なのである。[39] これらの作品の技術的および美学的な技能の高さと美しさは明白である。若い芸術家たちは、年長の芸術家たちから学ぶのだが、年長の芸術家たちは、経験豊かで、伝統的な技法と、絶えず変化しつづける新しい手順や方法や色の習得の両方において尊敬されている。作品は集団によるものであることが多く、たいていの場合、二人以上の芸術家が関与している。そこにはしばしば、家族のなかのひとりや、ドリーミングを共有する者たち、つまりリネージや、親子関係や、トーテムの同一性や、領土や、歴史を共有する多くの者たちが含まれる。一方では芸術は、視覚的イメージや、活動や、砂漠文化の工芸品に浸透しているという点で、日常生活の一部である。しかしそれにもかかわらず他方では、芸術制作は、伝統的共同体において尊敬だけでなく権威をもさずける特別な活動である。芸術制作は、アボリジニの民衆が、白人文化から完全なパターナリズムや上から目線なしに財政的および社会的なサポートを得るた

重要である。たとえば、クリフォード・ポッサムの海外旅行への関心についてのジョンソンの議論〔Johnson

2003〕、あるいは、キャスリーン・ペチャラのアメリカ旅行についてのニコルズとノースの議論〔Nicholls and North 2001〕を参照。より若い世代の画家たちが、自分たちの民衆が「ヨーロッパ」から、そして「ヨーロッパ」を通して、商品やそれをもちいるサービスを利用できるようになっているなかで、自分たちを包囲しときに圧倒するようなものとしての「ヨーロッパ」世界についても、そして絵画制作の場所についても、同様に意識しているのは確かである。

◉39 芸術家たち自身の考えでは、大地に直接由来する伝統的な方法、素材、実践と、一九七〇年代初期以来「ヨーロッパ」の技法を通して導入された方法、素材、実践や、状況が許せば双方を簡単に行き来する能力のあいだには、明確な分離があるとされる。アクリル画と油絵の芸術作品においてさまざまな語りやドリーミングが描かれ、それら語りやドリーミングを通してアクリル画と油絵がつねに売買されていたにもかかわらず、アクリル画と油絵そのものが伝統的あるいは部族に固有のものとして表象されることはけっしてなかった。「そのドリーミングはつねにあった。私たちの最初の日々、ヨーロッパ人たちがやってくる以前から。そのドリーミングは続いている。年寄りたちが、この法、ビジネス、教育を、若い人々のためにひきついでいる……彼らは、踊りのための板、槍、ブーメランをもちいてきた――いずれも描かれている。そして彼らは、さまざまなときにそれらを身体のうえでもちいてきた。私はつねに子どもたちを見ている――描かれている。若い仲間たちは狩にでかけ、そこに年寄りたちがいる――彼らは砂絵を書いている。彼らは物語を描いている。私がキャンバスのうえでやるのと同じように……。誰もが描かれている。彼らは黄土色の塗料をもちいてきた――あらゆる岩の色。民衆は描くためにそれらをもちいる。私は塗料とキャンバスをもちいる――それは私たちがもっていたものではなく、ヨーロッパ人がもってきたものである。ビジネスのときは私たちは、その塗料を、私がもちいる仕方ではもちいない――そうではなく私たちは、それらを岩からとりだしてもちい、それらをすべての若い仲間たちに教えるのである」(Clifford Possum, quoted in Johnson 2003: 16)。

めの数少ない方法のひとつになっている。ここではそのような華々しく、ダイナミックで、共振しあう、ユニークな芸術作品たちの、複雑で苦難に満ちた歴史について十分な分析をなすことはしないが、[40] 私のしがない意見としては、それらの作品たちは、二〇世紀および二一世紀以降の作品のなかで、私たちをもっとも驚かせ、触発するものであるにもかかわらず、もっとも理解されず、評価もされていない作品のなかに数えられる。もっともいまでは、それら格調高く輝かしい作品たちの生産と販売をめぐる貪欲な国際芸術市場がますます大きくなりつつあるのだが。

私にできるのは、まさに、簡単なサンプリング――最短の迂回――を行い、西部砂漠出身の二人の有名な芸術家の作品を考察することだけである。そのひとりが、キャスリーン・ペチャラ（アマチャラ族で、アリススプリングスの北東地域出身で、ユートピアで活動している）で、もうひとりが、クリフォード・ポッサム・ジャパルジャリ（同じくアマチュラ族で、パプンヤで活動している）である。彼女らは、国際的にもっともよく知られた先住民芸術家のうちの二人であり、その作品は、いままでに合衆国、英国、フランス、そしてその他の国々で展示されており、間違いなく、オーストラリアのなかでもっともよく知られており、ナショナル・アンド・ステート・ギャラリーズのコレクションのなかの代表的な作品である。二人の作品はいずれも、空間的および形象的な観点から、自分たちのドリーミングの国の地理のマッピングを試みるものである。つまりそれらは、芸術家自身の身体や一族の歴史と結びついた出来事や、地形や、動物たちの、地図作成の試みなのである。彼女らの作品は、先祖代々の空間的地勢の時間的地図である。その地勢は、地理的特徴によってではなく、ある地理が維持している生命、その地理が生みだす実践、その地理が要求する運動によって、区別され重要な意味をもつものである。彼女らの作品は、長い過去の歴史のダイナミックな肖像である。その歴史とは、戦争、自然災害、出生、結婚、性的な結びつき、動物の先祖、トーテム、これらの出来事の歴史である。その歴史は、何よりもまず過去に関する、そして過去の語りや実践が現在にいかに影響を与えるかに関する、生き生きとした歴史である。それは、単一のきわめて複雑なフレームへと圧縮された映画のリールのようなものである。これらの作品の多くを際だたせているのは、まずは歩くことによってのみ横断されてきた土地——そこにおいては、ほんのわずかな起伏や自然的特徴、木の幹、動物の遺体といったものたちが、先祖伝来の儀式的な重要性を保持していることがある——の、詳細な地誌を、俯瞰的な観点からおもい描く能力である。ここにおいて、マルティネがいう風景が、いまや歴史をも含んだ地理と合致する。抽象化と空間的表象が、極度に過酷で容赦のない地勢や気候における生存技術として獲得さ

◉40　ピントゥピ、パプンヤ、ユートピアの芸術家コミュニティの主要な芸術作品の歴史とマーケティングに関するさらなる詳細については、Johnson 2003、Nicholls and North 2002、Hylton 1996、そして、とりわけBardon 2005を参照。

れたというのは本当かもしれない。しかしそれらはたんに、ある種の自然淘汰の結果、つまり、生存だけに関係した進化の結果であるわけではない。むしろ、その条件となる過酷な領土、きわめて不毛な領土は、あらゆる儀式的表象の基礎となり、ゆくゆくは、そのような儀式的な結びつきを保持する傾向をもちながらも伝統的なものをはるかに超えていく、そんな芸術的表象の基礎となるのである。[41]

ユートピアの芸術家のひとりであるキャスリーン・ペチャラの生産的な仕事から、ひとつだけ例をあげよう。彼女は、多くの画家の姉妹兄弟と、あるドリーミングを共有している。[42]それはトゲトカゲのドリーミングである。この独特な話は、領土と動物のある典型的な結びつきに、つまり、領土とそれを横断する動物の結びつきや、動物とその運動を刻みこまれる領土の結びつきに関わるものであり、また、そのような動物と領土のカップリングによって解放されうる質や感覚に、そして、爬虫類の運動を通して、そして爬虫類の先祖の人間化された歴史を通して際だたせられた、地勢の色や、速度や、静けさの噴出に関わるものである。ペチャラとその姉妹たちはそれぞれ、注目すべき一連の絵画のなかで、トゲトカゲのドリーミングを描いている。この一連の絵画は、それぞれが少しずつ異なっており、同じドリーミングがもつ異なる要素や側面をとりあげており、その要素や側面から、共振しあういくつものドットを抽出する。それらドットは、オプ・アート的なものであるが、たんに視覚的な効果だけでなく、何よりもまず触視的な効果をともなうものである。この触視的な効果は、トカゲ－運動を地勢あるいは風景の生成へと結びつけることによって変容させながら、増殖していく。トカゲ－皮膚は、土地をしるしづけ、運動が描きだすトカゲ－弧は、敵対的な大地を領土へと変容させる逃走線のための道筋や軌道をもたらす。

◉41 「そのような能力——広い範囲の土地を、より小さな土地の断片からなるひとつの存在者としておもい描き、ついで、その全体を抽象的形態で捉え、それを視覚的に再生産することで、自分自身を空間のなかに方向定位させる能力——は、生存のために必要であった。実際、土地の上手いナビゲーションと推理、つまり食物と水がある正確な場所を知る能力は、集団の生存のために不可欠なものであった。まとめると、「国」の広い範囲をこのようにおもい描いて捉えることは、土地の特定の範囲の「俯瞰」を構成するのである」(Nicholls and North 2001: 7)。

◉42 ユートピアとは、アマチャラ語とアリアワー語を話す集団が居住するノーザン・テリトリー準州内の約二〇の地区に、いくらか誤った仕方でつけられた一般的な呼称である。ペチャラは、一九六九年から一九八八年の二〇年近く、これらの集団出身の子どもたちを教育するユートピアの学校で準教員として働いた。パプンヤの芸術学校の開校のすぐ後に、ユートピアもまた、芸術家コミュニティへと発展し、当初は女性芸術家による作品生産を指向していた。ペチャラとその多くの姉妹たち——ヴァイオレット、グロリア、マートル、ナンシーを含む——は、蠟結染め師および版画作家として活動をはじめ、一九八〇年代にはじめて絵画に転向した。彼女は一九九六年に初の個展を開いている。ユートピア周辺の土地は、一九八〇年に女性たちをめぐって、そして彼女たちの土地への儀式的な絆をめぐってはじまった、土地所有権要求の後に、伝統的な所有者に返還された。

トゲトカゲ（アボリジニの言葉で arnkerrth と呼ばれる）は、中央オーストラリア砂漠の多くの場所に生息する、とても小さく、とげだらけで、不気味な外見をしたトカゲである。それは自分自身の姿を変容させ、視覚的な質を増大させるという、カメレオンのような特筆すべき能力をもっている。トゲトカゲはとりわけ平穏で脅威の少ない状況下では、大地と同じ黄土色をしている。トゲトカゲはくねくねと半円を描く特徴的な動き方で、ゆるやかな半円の弧状に曲がる平行軌道を残していく。その軌道は、トゲトカゲが特定の方向へと進むにつれて、戻ってきては一方の方向へと、また戻ってきては他方の方向へと、波打つような細道を生みだしていく。トゲトカゲは捕食者となりうるものを眼にするやいなや、いかなる運動の痕跡も残すことなく動きを止めることができ、脅威を感じたときには、自分自身の色を即座に黄土色から明るい赤色と黄色に変え、安全だと感じたときには、黄土色／オリーブ色へと戻る。トゲトカゲはずる賢く頭の良いキャラクターであり、また旅人あるいは遊牧民なので、多くの冒険をし、生存のためには自分の技術と知恵に頼らなければならない。キャスリーン・ペチャラとその姉妹たちは、このようなドリーミングの物語を通して、成長し、学んできたのであり、ある意味では、自分自身の身体を捕食者‐感覚のキャンバスへとつくり変える、たくましく「芸術的な」生き物へと生成してきたのである。

キャスリーンの絵画はいずれも、トゲトカゲのイメージ、その類似物、その肖像を与えることはなく、ひとつひとつが塗料のトカゲへの生成であり、トカゲの皮膚のしわや模様、トカゲの軌道が生みだす畦や模様、トカゲの運動が描く弧、これらが生き生きとしはじめることであり、またこれらが地勢へと投影されることであり、トカゲの皮膚、地勢のうえを行くトカゲの運動、キャスリーンとその民衆（Atnangker の民衆）の祖国のうえを行くトカゲの運動が、大地やその秘密の場所と共属することである。キャスリーンの絵画はいずれも、これらすべてをおのれ自身の過剰と独創性を通して維持している。[43]

43　「キャスリーンの芸術においては、他のアマチャラやセントラリアや西部砂漠の芸術生産の場合と同じく、Arnkerrth［トゲトカゲ］は、具象的に表象されずに、空間的に概念化される。アマチャラの芸術においては、人間を含むすべての生物が、心理学的な存在であるよりも、むしろ主として空間的なものとして描かれ、時間をかけて空間を占有していく自然的風景と文化的風景のなかで相互に作用しあっている……。キャスリーンがみずからの芸術のなかで創造している空間的な情報やパターンは、Atnangker の国の現実に存在する地理的特徴、たとえば、Arnkerrth がドリーミングのあいだの勇壮な旅のなかで出会った水場、丘、マルガの木の広がりと対応しており、それらへとマッピングすることができる。衛星映像やコンピュータが生みだす合成画像は、キャスリーン・ペチャラの芸術を含む伝統志向の〈先住民〉芸術家たちとの驚くほど近い対応関係を示している」(Nicholls and North 2001: 10)。ジョンソンも同様の指摘を行っている。「西部砂漠の民衆は、まさに、彼らの地勢とその資源に対して、薄気味悪くなるほど精通していることで評判である。一見すると特徴を欠いているように見える国のなかで、場所を特定し、跡づけ、空間的な方向定位をする彼らの驚くべき技は、周囲の道を探すために地図に依存する人々向けの説明をほとんど受けつけない……。彼らは地図で方向を読む必要がない。なぜなら、彼らは、地面そのものを読む仕方を知っているからだ」(Johnson 2003: 79)。

中央オーストラリア東部砂漠の二〇〇〇キロ平方メートルの地勢が、内容豊かで精緻化された多くの絵画において、詳細にマッピングされている。そこには、空間的な——ほとんどが俯瞰的な——「地図」だけでなく、そこで起こった動物と人間の出来事の歴史も含まれている。大昔から比較的最近の過去まで、ドリーミングの時代だけでなく、記憶のなかの出来事や受けつがれてきた語りのなかの出来事が混ざりあったものも、そこには含まれている。たとえば、一八六九年のダーウィンでの虐殺、一九二〇年代のコニストンでのアボリジニ虐殺、さまざまな壊滅的な森林火災、白人文化への同化を目論む政府のさまざまな政策や法令の介入による伝統的な土地からの強制的および自発的な移住。そのような介入のなかには、最近の子育て実践に対する政府による侵害的な介入もあり、これは暴力的でジェノサイド的ですらある同化と殲滅の長い歴史を継続させるものである。[44]

ペチャラの作品のなかでは、土地、トゲトカゲ、天候、その土地に起こる破局的出来事——雹、嵐、干ばつ、火事、砂嵐——は、簡単に互いに区別されうるものではなく、互いを組みこみあっている。皮膚は土地の一部であり、土地はその土地に起こることによってつくられ、起源以来これまでにしるしづけられてきた出来事に、そしてその土地に住む民衆に、その土地特有の影響を与える。その民衆には、自分たちの儀式を歌い、描き、「白人の芸術」を自分たちの文化的生活の一部である芸術の二次的な表象にする芸術家たちが含まれている。しかし「私のスタイルは、いまだにボディ・ペインティングであり、いまだに儀式であり、空から見ることでさえあり、[それは]いまだに踊りであり、いまだに儀式であり、私の新しいスタイルは、いまだに踊りの儀式である」(Kathleen Petryarre, Nicholls and North 2001: 31からの引用)。感覚が、ある世代から次の世代への知識への伝承に役だつ儀礼のなかで、宗教的で神聖な位置から解放され(とはいえ、そのような起源から完全に離れてしまうことはけっしてないのだが)、色づくことへと、形づくることへと、つまり「自分だけでたつ」芸術作品へと生成する。それは、他の非儀式的な文脈においても、自律的な対象として、すなわち芸術作品として、完全に機能する。そのような芸術作品には神聖な関係が暗に含まれつづけているが、芸術作品は、もはや神聖な対象でも、神聖な儀式の一部でもないのである。

◉44　このテクストが完成しつつあったとき、オーストラリア政府は、次の選挙にぎりぎりまにあうタイミングで、辺境にある多くの先住民コミュニティにおいて大変な割合で起こってきた児童レイプと児童性虐待に対する介入が必要であるとする声明をだした。「子どもを守る」ことは、もちろん称賛に値することだが、重要なのは、ジョン・ハワード首相が、この問題に対処するために軍隊を動員すること(虐待に対する新たな「戦争」)を選んだこと、そしてその同じ週に、新聞各社が、アボリジニ・コミュニティのために明確に用途指定された五千万ドル以上の政府資金が支払われていなかったことを明らかにしたことである。いいかえれば政府は、健康や教育や雇用のサービスのために支払われているべきお金を、実際には供給も支出もせずに、児童性虐待にどうあっても適切に対処することができないような道を、そしてアボリジニの民衆が、自立した主体として白人文化に包摂されることからますます疎外されると同時に、自分たち自身の伝統的な生活からもますます疎外されることになる道を選び、彼らに押しつけたのである。

クリフォード・ポッサム・ジャパルジャリは、おそらく同世代でもっともよく知られた先住民芸術家で、エミリー・カーメ・ウングワレーの輝かしい作品と比べたときにだけ二番手となるほどの芸術家であった（エミリー・カーメは、キャスリーン・ペチャラの叔母にあたり、美術館やギャラリーや競売場での受容のされ方から見ると、多くの先住民芸術家にとって白人文化における成功の基準ないし尺度である）。彼は、もともとは腕のたつ木こりであり、彫刻家であったが、一九七二年にパプンヤ・トゥーラ芸術家協同組合に加わり、一九八〇年代初期に協同組合の議長となった。彼のこのうえなく圧倒するような複雑な作品は、キャスリーン・ペチャラの作品と同様に、巨大な絵画であり、彼の民衆のドリーミングのある種の精緻化された地図あるいは地誌として企てられている。ワールグロング〔Warlugulong〕・シリーズ（一九七〇年代中盤から終盤）を含む、壁や板に描かれた彼の初期の絵画は、二人の兄弟の長きにわたる一連の掟破りの結果として起こった、ある破局的な山火事のドリーミングを描くことに焦点が当てられていた。

意義深いことに、彼は、このシリーズを彼の兄であるティム・ルーラ・ジャパルジャリとともに描いた。ワールグロングとは、アオジタトカゲ男が大山火事を起こした、アリススプリングスから二〇〇マイルほど離れた場所のアマチャラ語での呼び名である。その大山火事は、始原的で起源的な山火事であり、「大地の起源」のドリーミングのひとつであり、そのなかでアオジタトカゲ男の二人の息子は非業の死を遂げた。しかしこの二人の息子が非業の死を遂げたのは、彼らがある神聖なカンガルーを、父や集団と分けあうことなくすべて食べてしまったからかもしれない。それは、もっとも厳しい罰を要する二重の罪であり、掟破りであった。ワールグロングの絵画は、この息子たち、火事、父、カンガルーをめぐる地誌的ダイアグラムであり、それはあたかも地面のうえの砂絵であるかのように描かれているのだが、そこにおいては上下の方向定位や位置どりは無意味なものとなる。[45] この山火事のドリーミングは、ワールグロング・シリーズの感覚的なモチーフや部分を反復し、精緻化する。二人の兄弟の骨は、よりいっそうダイナミックになりよりいっそう伝統的なものではなくなっていく色を、キャンバスへともたらし、キャンバスはいまや、いくつものドリーミングの物語で飽和し、それら物語は、キャンバス上で分離されることなくともに位置づけられる。

クリフォード・ポッサムと彼の父系出自集団にとって、ワールグロング・シリーズのなかで、そして彼とその兄が企てた他の絵画のなかで展開されている原初のドリーミングは、恋物語である。この物語には、多くのエピソードがあり、そのひとつはリルティピリティという名の男

◉45 「ほとんどすべての西部砂漠の絵画と同じく、ワールグロングは［ポロックの作品と同じように］地面のうえでフラットに描かれていた。これは、西洋の地図がそうであるように、絵画の頂点が北でなければならないというヨーロッパ的な前提に代えて、ただ四つの側だけがあって、芸術家がそのときどきにキャンバスのどの側に位置づけられるかによって、いずれの側もが頂点になりうるパースペクティブを提示する」(Johnson 2003: 89)。

に関するもので、彼は自分の親族構造上の母——彼がさまざまなタイプの接触、とりわけ性的接触を禁じられている親族——と恋に落ちる。マンズ・ラブストーリー・シリーズを構成している絵画はどれも、この語りの要素についての強烈な視覚的解釈である。クリフォード・ポッサムの絵画の多くが、このドリーミングのエピソードや断片であり、それらが起こった場所や位置の探究であり、そしてこの地勢を共有する動物たちや昆虫たちの探究である。その動物たちや昆虫たちには、ミッツボアリ、イワワラビー、〔有袋類動物の〕ポッサムが含まれており、これらは、彼の芸術のいくつかによくでてくる形象である。

しかしクリフォード・ポッサムの芸術、そして他の砂漠の芸術家たちの芸術を、語りのようなものや、表象的なものや、神聖なものとして解釈することはできない。もし語りや表象があるとすれば、それは、技法によって視覚的に捕獲されたものだけである。おそらく、だからこそ、多くの場合にドリーミングの物語が外的な説明文として芸術作品に添えられているのだろう。この説明文は、語りを書き起こしたものであり、それぞれの絵画と一緒に売られているものだが、それは西洋のまなざしにとってこれらの作品がもつ儀式としての価値を認証するある種の証明書である。しかしながら、これら現代の作品は、歴史のなか、集団的な語りのなかにあるように埋もれていってしまうので、たんに非芸術的ないし前芸術的な宗教的儀礼としてだけ働くのではなく、現代芸術の作品として機能するために、ある芸術的なはじけ、クリフォード・ポッサム自身の言葉でいうところの「フラッシュ」、つまり、芸術作品それ自体の水準における感覚の噴出を必要とする。[46]

それらの色は、領土をつくる深海の魚のように、魅惑的で、虹色で、輝いている。ドットは、ポスターによる誇示行動がもたらすぶんぶんと唸るような共振をともないながら、風景を歌わせ、躍らせる。[47] しかしここで誇示され扇情的なものになるのは、(動物の) 身体だけではない。まさに、大地そのものもまた、あらゆる特徴、性質、起伏、あらゆるブッシュや木とともに、誇示され扇情的なものになり、それら特徴、性質、起伏、ブッシュ、木は、いまや出来事を帯びるようになる。その出来事とは、色が「大地の叫び」へと感覚的に上昇するために必要な力

◉46 クリフォード・ポッサムは、二つ以上の物語を単一の芸術作品に圧縮するというアイデアをどこから得たのかについて、ヴィヴィアン・ジョンソンに尋ねられたとき、こう答えている。「何からも得ていない。私のアイデアだ。私の感覚では、私はそれをこうするんだ。つまり、フラッシュさせるんだ」(Johnson 2003: 89)。

◉47 クリフォード・ポッサムは、伝統的な黄土色、大地とその生産物に直接由来する色が目新しくなくなり、おそらくありきたりにさえなったことに、とてもよく気づいていた。そこで、彼は、伝統的な黄土色と西洋のアクリル塗料を組みあわせることで、新たな色の使い方を見つけだし、それらによって新たな感覚の可能性をも見つけだした。「分かるだろ、もう変えなきゃいけないんだ。良い色にしないと。このことで俺に文句をいってくるやつはいないよ。だって色を――もう変えないといけないから。みんなにそういっているんだ。キャンバスを見たら、もう色を変えにかからなきゃいけないんだ。この同じ色だけじゃない。同じ色だけじゃない。色はすべて変えていくんだ。変えなきゃだめなんだ」(Clifford Possum, Johnson 2003: 180)。

そのものであり、それは、今日の他のいかなる芸術の形式においてよりも、ここにおいて明らかに「来るべき民衆」の召喚である。

これは概念によって理解される芸術ではない[48]。その効果は、きわめて直感的なものであり、色の振動によって眼をくらませる。それはひとつの同じキャンバスのなかで抽象的でも実在的でもあり、表象的でも非表象的でもあるような、光り輝く形態、起源の物語、リズムと運動、これらに触れるよう手をいざない、これらを聴くよう耳をいざなう。それは、私たちの視覚的および空間的な座標を混乱させ、地勢や大地についての、そして生き、闘い、生産する身体とそれら地勢や大地との関係についての、より触視的な理解へと向かう。それでいて、それは、新たな種類の眼を保持し、おそらくはポストモダニズムそのものよりも脱中心化されてさえいる新たな種類の風景を生みだす。背景と前景のあいだのあらかじめ用意された区別も、中性的な地に対して識別することができるような図も、能動的な主体もなく、ただ生成だけが、すなわち、動物への生成、ミツツボアリへの生成、領土への生成、蟻塚や蜜の塚への生成、火事や天災への生成だけがある。

まさに、大地とそこに住まうすべてのものたちの力やエネルギーそのものが、召喚され、感覚へと生成する。生命のもっとも初歩的な形態、たとえば植物でさえも、自分たちの状況、領土、天候、環境を、ひとつに縮約し、それら以上のもの——芸術を動機づけ、芸術に素材を与える、色や香り——をつくりだす[49]。あらゆるもの——領土、出来事、動物、人間——が、ヒエラルキーなしに、キャンバスや板の平らな面のうえで等しく生みだされる。天気は、人間や動物の形象によって覆い隠されることはなく、同様に、人間や動物の形象を覆い隠すこともない。

◉48 クリフォード・ポッサム自身は、自分の仕事が「脳」よりも「心」に関わっていると主張してきた。「「筆を取るとすぐに、私はそれをおもい浮かべる」。私は声を荒げた。そのような複雑なイメージを、その創造に先だって考えることができるためには、なんと驚くべき脳をもたなければならないのかと。彼は優しく私を正した。「脳ではない、Nakamarra だ」。彼は私にいった。「脳ではない、心だ」」（Clifford Possum 2003: 185）。

◉49 ドゥルーズとガタリは、とても見事なくだりで、ベルクソンとダーウィン自身に寄り添いながら、一見するともっとも休止状態にあるように見える生命の形態でさえも、際だった発明性——自由——をもつということを肯定している。植物 - 生成は、ベルクソンにとってはいたるところで明らかなものである。ベルクソンにとって、植物は、初発的な意識を、つまりその運動の可能性と結びついたある種の原初的な自由を保持している。しかしながら、ドゥルーズとガタリは、植物は縮約的であり、パッションをもち、縮約することで感覚を生みだすと主張する。「植物は、当の植物がそれを源としている要素——光、炭素、塩——を、縮約しながら観照し、みずからの変化性や合成 = 創作をそのつど表す色や匂いによって、自分自身を満たす。植物は、即自的な感覚である。あたかも、花が、神経系や脳をもつエージェントによって知覚される前に、あるいは感覚される前にさえ、みずからを合成 = 創作するものを感覚することによって、つまり、最初の視覚あるいは嗅覚の試みによって、自分自身を感覚するかのようである」（Deleuze and Guattari 1994: 212〔『哲学とは何か』三五七頁〕）。

人間は、先祖において結びついている動物でなく、同様に、表象の対象でもない。大地は、ひとつの（あるいは多くの）生き物そのものではなく、同様に、生き物たちの行動のための受動的な地面でもない。

これらの作品は、生成、持続、潜在的なものへの没入を示している。これらの作品は、何よりもまず、過ぎ去る時間、出来事をしるしづける時間に関わっているが、それだけでなく永遠性と不変のものをしるしづける時間にも関わっている。これらの作品は、歴史、つまり、文化的および自然的な記憶、出来事の記憶、季節とその季節ごとの実践の記憶、大変動と変化の記憶、現在が新たな未来へと自分自身を乗り越えるための条件として、現在のなかに保存され凝縮された歴史、これらを構成する潜在性に関わっている。これらの作品は、リュイエがいう意味での距離なき俯瞰、絶対俯瞰、自己一望を表している。[50] それは、先住民のものであると同時に異邦人のものでもあるひとつの歴史、自治の歴史であると同時に暴力的な植民地化の歴史でもあるひとつの歴史であり、いまや土地に組みこまれ、その土地を支える生き物たちにも組みこまれたひとつの歴史である。絵画は、たとえ彼らが、彼らに大地が返還されるときを待望しているときでさえも、このような歴史を祝福するのである。これはまさに、ドゥルーズがあらゆる芸術の基礎だと主張した、動物と人間のあいだ、大地と領土のあいだで揺れ動く、領土化、脱領土化、再領土化の構造ではないだろうか。これら先住民芸術家たち、そしてまた、大地とそれが生命にとってもつ可能性についての焼けつくようなヴィジョンをもつ、その他の多くの芸術家たちは、感覚を、自分たちの芸術が、そしてそれだけでなく自分たちの文化そのものが再生し、新生するための手段にしているのではないだろうか。これは、そこにおいて絵画が、歌や踊りを召喚し駆りたてるような、そして歌や踊りや音楽的リズムや音楽的主題へと変容した語りが、大地そのものの、そして大地が支えることができるかもしれない未来の生命の、まさにエンブレムやポスターへと生成するような、そんな芸術の多感覚的な統一性への合図ではないだろうか。

◉50 リュイエにとって、感覚は、それ自身は感覚を知覚する感受性を必要としない活動の結果である。見ること、聴くこと、匂うこと、触ること、味わうこと、これらは感覚的経験であるが、実在的なものの表象によって媒介されたものではなく、むしろ絶対的な自己近接における実在的なものそれ自体であり、真の形態である。「それは、リュイエが定義したように、ある原初的な「真の形態」である。それは、ひとつのゲシュタルトでも、ひとつの知覚された形態でもなく、いかなる外的な観点にも準拠しないひとつの即自的な形態である。それは、網膜あるいは皮質の線条域が、それとは別の網膜にも線条域にも準拠しないのと同様である。それは、ひとつの絶対的な共立的形態であり、この形態は、いかなる補足的な次元にも依存せずに自分自身を俯瞰し、それゆえいかなる種類の超越にも訴えない」(Deleuze and Guattari 1994: 210〔『哲学とは何か』三五三―三五四頁〕)。Ruyer 1952 を、そしてリュイエの主張についての洞察に満ちた労作としては、Bains 2002 をともに参照。

コズミックなものへの生成

絵画は大地の見えない力の視覚的および造形的なイメージに関わってきた。大地の見えない力とは、あらゆるコスモスを制御する宇宙の力——重力、磁力、光の力、等々——、特定の形態をもった生命の大地への歴史的に偶然的な噴出——つまり、進化を駆動する非人称的なコズミックな力によって制御された、細胞の力、染色体の力、生物学的な力——、これらが組みあわさったものである。絵画とは、生物学的に制御された力（身体の力と〈器官なき身体〉の力の両方）を、コズミックな力が、ランダムな過剰の生産を通して動態化することに対する——唯一の可能な応答ではないが——ひとつの応答である。生命は、そのようなランダムでコズミックな力に応答するほかなく、その力をみずからの形態学的構造や行動のなかへととりこまなければならない。宇宙の力によって生命に課される不可欠な事柄（いくつかの明白な例をあげるなら、昼と夜の分離、光と闇の分離、海や水域と大地や陸地の分離、大陸と移住経路の地質学的な分離、特定の地域的、気候的、地理的な特徴が生命の形態に与える効果）だけでなく、それらに加え、そのような力による過剰の生産、つまり、生物が生存のために必要とする以上のものの生産がある。

むきだしの生存などというものは、もっとも過酷な気候や状況においてさえ、めったに見られない。当の地域が困難なものになればなるほど、創意や芸術性が（ランダムな）質の生産に参与するようになる。トゲトカゲは結露によって産出された水だけで生きることができるので、もっとも乾燥した気候においてさえ生存することができる。しかしトゲトカゲは、生存以上のこと、それをはるかに超えることを行っている。トゲトカゲはこのうえなく鮮明で眼をひく色を生産したり、その色を変化させたりするし、またそれだけでなく、静けさと速度をめぐる演劇的な芸術を完成させてきた。さらに、トゲトカゲはもっとも生命を寄せつけないような状況においてさえ生存することができるだけでなく、トーテムの同一化を喚起したり、多くのアボリジニの民衆にとっての、そしておそらく、彼らを通して「ヨーロッパ人」たちにとっての、自分自身の日常的および歴史的な闘いと勝利のエンブレムとして、つまりひとつのドリーミングとして機能したりする。伝統集団とトゲトカゲが、ひとつの共通の地勢のなかで共存し、そこでそれぞれがそれぞれの仕方で闘うことによって、ひとつの動物への生成、トカゲへの生成が起こる。それゆえに、人間主体は、動物への生成を刻みこまれ、動物存在の運動や所作や習慣を刻みこまれるようになる（このことは、視覚芸術に限られず、何よりもまず踊りと音楽のなかで起こる）。そして、動物もまた、トカゲの主体でさえも、人間の願望、技術、知恵、忍耐、狡猾、平穏、羨望、感謝、これらをさずけられるようになるのである。

コズミックな力――気候、地理、時間性の力――は、生物に衝突し、生物を変容させ、生物にとっての対象となる。私たちは、このことを、たとえどれだけ不快なものであっても、生物の内部環境が、その外部環境や、脈を打たない有機的全体や、表現と強度の可能性を産出する振動的なコズミックな力とひとつになることとして理解することができる。生物は、このようなコズミックな力によって生みだされた対象から、必要なものだけでなく、必要以上のものをとりだしてくる。生物は、生存にとっての価値がないかもしれないもの――色、音、形――を抽出する。これら質がそれとして出現するのは、当の質が、それらがそのなかに見いだされる対象から抽出され、抽象化されうるかぎりにおいてであり、そして、それらがこの過剰からとりだされて、領土と身体の両方を装飾するためにもちいることができる、楽しませや強度化する質へと生成することができるかぎりにおいてである。領土と身体は、そのような質が抽出されうるかぎりにおいてそれとして出現する。

質が世界のなかに解き放たれるまでは、領土ではなく大地だけがある。質と領土はともに存在するのであり、それゆえその両方が、性淘汰と芸術制作の――あるいは、おそらく、性淘汰という芸術の、そして同じく芸術生産としてのセクシュアリティの――条件である。利用可能な力と、解放された質、これら両方の過剰こそが、同じ進化的契機において、強度の栄光を讃えることとして、強度をそれ自身の目的のために生みだし、精緻化することとして、芸術と性がともに噴出することを可能にするのである。芸術は、被知覚態と変様態の凝縮、純化、探求としての感覚をもちいるようになり、そのとき、性は、被知覚態と変様態がそこから生まれてくるかもしれない受肉した所作や、痕跡や、結びつきをもちいるようになる。トゲトカゲの美しさ、その奇妙な表皮の地理、その特徴的な動き方、その色の強度、これらによってこそ、トカゲは人間の芸術制作を駆りたてる役割を担うのであり、人間の芸術制作は、トカゲを模倣したり表象したりしようとするのではなく、トカゲがもつ魅惑し誘引する特徴や特質のいくらかを共有しようとするのである。

芸術とは感覚を生きさせるプロセスであり、表現的な質や物質的な形態に自律的な生命を与え、そうして生命を与えられた質や形態を通して、今度は生命の他のさまざまな様相を触発し、またそのさまざまな様相によって触発される、そうしたプロセスである。鳴鳥たち自身が、もっとも歌が上手く旋律的なライバルによって歌われる歌に心を奪われるように、そして魚が、他の魚のもっとも際だった色や運動に誘引されるように、これら質――メロディー、音響表現、色、視覚表現――は、たとえそれらが自分のものではなくても、転移可能であり、人間はこれらの質を大地の過剰や動物の過剰の宝庫から借りてくるのである。しかし芸術は、たんにある動物的な過去の表現、つまりある動物を構成する進化的な力との前歴史的な堅い絆の表現であるだけではない。芸術は記念することでも、共有された過去を祝福することでもなく、何よりもまず、過去からの物質を未来のための源泉へと変容させることであり、いまはまだ利用不可能だが、未来において、それを知覚しようとする、そしてそれによって触発されようとする民衆に向けて解き放たれる感覚なのである。

セザンヌは、対象や力の堅固さが感じられ、感覚され、実在的なものになることができるような未来を切望する。ベーコンは、現実が神経系に直接衝撃を与え、力が芸術の境界から解放されるような未来を切望する。パプンヤとユートピアの芸術家たちは、民衆を切望する。もはや動物だけでなく、〈西洋〉が彼らに与えなければならないもの、つまり航空機や自動車を通して、ヨーロッパを通して、ひとつの世界民衆として、世界-ドリーミングの守護者として、自分たちの土地へと再び結びつけられたアボリジニと白人の民衆を。彼らはそれぞれ、感覚を生きさせることで、来るべき民衆、来るべき大地を呼び起こし、知覚しえないコズミックな力を召喚し、称え、現在の（政治的な）乗り越えに参与し、新たな、豊かな、共振する未来を生みだす一助となるのである。

参考文献

Alliez, Eric. 2004. *The Signature of the World: What Is Deleuze and Guattari's Philosophy?* New York: Continuum.

Art Gallery of New South Wales. 2004. *Tradition Today: Indigeneous Art in Australia.* Sydney: Art Gallery of NSW.

Bains, Paul. 2002. "Subjectless Subjectivity." In Brian Massumi, ed., *A Shock to Thought: Expressionism After Deleuze and Guattari,* 101–116. London: Routledge.

Bardon, Geoffrey. 2005. *Papunya — A Place Made After the Story: The Beginnings of the Western Desert Painting Movement.* Melbourne: Melbourne University Press.

Bergson, Henri. 1946. *The Creative Mind: An Introduction to Metaphysics.* Trans. Mabelle L. Andison. New York: Philosophical Library. 〔アンリ・ベルクソン『思想と動き』原章二訳、平凡社ライブラリー、二〇一三年〕

—— 1988. *Matter and Memory.* Trans. N. M. Paul and W. S. Palmer. New York: Zone.〔アンリ・ベルクソン『物質と記憶』杉山直樹訳、講談社学術文庫、二〇一九年〕

Bogue, Ronald. 1996. "Gilles Deleuze: The Aesthetics of Force." In Paul Patton, ed., *Deleuze: A Critical Reader,* 257–269. Oxford: Blackwell.

—— 1999. "Art and Territory." In Ian Buchanan, ed., *A Deleuzian Century,* 85–102. Durham, NC: Duke University Press.

—— 2003a. *Deleuze on Music, Painting, and the Arts.* New York: Routledge.

—— 2003b. "Minority, Territory, Music." In Jean Khalfa, ed., *An Introduction to the Philosophy of Gilles Deleuze.* Continuum: London.

Buchanan, Ian, 2000. *Deleuzism: A Metacommentary.* Durham, NC: Duke University Press.

Buchanan, Ian and Marcel Swiboda, eds. 2004. *Deleuze and Music.* Edinburgh: University of Edinburgh Press.

Cache, Bernard. 1995. *Earth Moves: The Furnishing of Territories.* Trans. Anne Boyman. Cambridge: MIT Press.

Chatwin, Bruce. 1987. *The Songlines.* New York: Viking.〔ブルース・チャトウィン『ソングライン』北田絵里子訳、英治出版、二〇〇九年〕

Colebrook, Claire. 2002. *Understanding Deleuze.* Sydney: Allen and Unwin.

—— 2006. *Deleuze: A Guide for the Perplexed.* London: Continuum.

Darwin, Charles. 1981〔Vol. I と II の合冊〕. *The Descent of Man, and Selection in Relation to Sex.* Princeton:

Princeton University Press.〔チャールズ・R・ダーウィン『人間の進化と性淘汰』I・II、長谷川眞理子訳、文一総合出版、一九九九年〕

—— 1996. *The Origin of Species*. Oxford: Oxford University Press.〔チャールズ・R・ダーウィン『種の起原』上・下、八杉龍一訳、岩波文庫、一九九〇年〕

Dawkins, Richard. 1989. *The Selfish Gene*. Oxford: Oxford University Press.〔チャールズ・R・ダーウィン『利己的な遺伝子』増補新装版、日高敏隆・岸由二・羽田節子・垂水雄二訳、紀伊國屋書店、二〇〇六年〕

Deleuze, Gilles. 1990. *The Logic of Sense*. Trans. Constantine Boundas. New York: Columbia University Press.〔ジル・ドゥルーズ『意味の論理学』上・下、小泉義之訳、河出文庫、二〇〇七年〕

—— 2003. *Francis Bacon: The Logic of Sensation*. Trans. Daniel W Smith. Minneapolis: University of Minnesota Press.〔ジル・ドゥルーズ『フランシス・ベーコン——感覚の論理学』宇野邦一訳、河出書房新社、二〇一六年〕

—— Deleuze, Gilles and Michel Foucault. 1999. *Gerard Fromanger: Photogenic Painting*. London: Black Dog.

—— Deleuze, Gilles and Félix Guattari. 1987. *A Thousand Plateaus: Capitalism and Schizophrenia*. Vol. 2. Trans. Brian Massumi. Minneapolis: University of Minnesota Press.〔ジル・ドゥルーズ、フェリックス・ガタリ『千のプラトー』上・中・下、宇野邦一・小沢秋広・田中敏彦・豊崎光一・宮林寛・守中高明訳、河出文庫、二〇一〇年〕

—— 1994. *What Is Philosophy?* Trans. Hugh Tomlinson and Graham Burchell. New York: Columbia University Press.〔ジル・ドゥルーズ、フェリックス・ガタリ『哲学とは何か』財津理訳、河出文庫、二〇一

二年〕
Dennett, Daniel. 1996. *Darwin's Dangerous Idea: Evolution and the Meaning of Life.* New York: Touchstone.〔ダニエル・C・デネット『ダーウィンの危険な思想――生命の意味と進化』山口泰司監訳、石川幹人・大崎博・久保田俊彦・斎藤孝訳、青土社、二〇〇一年〕
Derrida, Jacques. 1987. *The Truth in Painting.* Trans. Geoffrey Bennington and Ian McLeod. Chicago: University of Chicago Press.〔ジャック・デリダ『絵画における真理』上・下、高橋允昭・阿部宏慈訳、法政大学出版局、一九九七、一九九八年〕
Due, Reidar. 2007. *Deleuze.* Cambridge: Polity.〔ライダー・デュー『ドゥルーズ哲学のエッセンス――思考の逃走線を求めて』新曜社、中山元訳、二〇〇九年〕
Foçillon, Henri. 1992. *The Life of Forms in Art.* Trans. Charles Beecher Hogan and George Kubler. New York: Zone.〔アンリ・フォション『改訳　形の生命』杉本秀太郎訳、平凡社ライブラリー、二〇〇九年〕
Freud, Sigmund. 1908. "Civilized Sexual Morality and Modern Nervous Illness." In *Standard Edition of the Complete Psychological Works of Sigmund Freud* 9: 177–204. London: Hogarth.〔ジークムント・フロイト「「文化的」性道徳と現代の神経質症」道籏泰三訳、『フロイト全集9』岩波書店、二〇〇七年〕
―― 1917. "Some Thoughts on Development and Regression — Aetiology." In *Standard Edition of the Complete Psychological Works of Sigmund Freud* 16: 39–357. London: Hogarth.〔ジークムント・フロイト「精神分析入門講義」新宮一成・高田珠樹・須藤訓任・道籏泰三訳、『フロイト全集15』岩波書店、二〇一二年〕
Genosko, Gary. 2002. "A Bestiary of Territoriality and Expression: Poster Fish, Bower Birds, and Spiny

Lobsters." In Brian Massumi, ed., *A Shock to Thought: Expressionism After Deleuze and Guattari*, 47–59. London: Routledge.

Grosz, Elizabeth. 2001a. *Architecture from the Outside: Essays on Virtual and Real Space*. Cambridge: MIT Press.

—— 2001b. "The Strange Detours of Sublimation: Psychoanalysis, Homosexuality and Art." *Umbra: A Journal of the Unconscious*, 141–153.

—— 2004. *The Nick of Time: Politics, Evolution, and the Untimely*. Durham, NC: Duke University Press.

—— 2005. *Time Travels: Feminism, Nature, Power*. Durham, NC: Duke University Press.

Hallward, Peter. 2006. *Out of this World: Deleuze and the Philosophy of Creation*. London: Verso. 〔ピーター・ホルワード『ドゥルーズと創造の哲学——この世界を抜け出て』松本潤一郎訳、青土社、二〇一二年〕

Hainge, Greg. 2004. "Is Pop Music?" In Ian Buchanan and M Swiboda, eds., *Deleuze and Music*, 36–52. Edinburgh: University of Edinburgh Press.

Hartshorne, Charles. 1973. *Born to Sing*. Bloomington: Indiana University Press.

Hylton, Jane, with Ron Radford, eds. 1996. *Dreamings of the Desert: Aboriginal Dot Paintings of the Western Desert*. Adelaide: Art Gallery of South Australia.

Jankélévitch, Vladimir. 2003. *Music and the Ineffable*. Trans. Carolyn Abbate. Princeton: Princeton University Press. 〔ヴラジミール・ジャンケレヴィッチ『音楽と筆舌に尽くせないもの』仲澤紀雄訳、国文社、一九九五年〕

Johnson, Vivien. 2003. *Clifford Possum Tjapaltjarri*. Adelaide: Art Gallery of South Australia.

Jourdain, Robert. 1997. *Music, the Brain, and Ecstasy.* New York: Harper-Collins.

Leroi-Gourhan, Andre. 1993. *Gesture and Speech.* Trans. Anna Bostock Berger. Cambridge: MIT Press.〔アンドレ・ルロワ＝グーラン『身ぶりと言葉』荒木亨訳、ちくま学芸文庫、二〇一二年〕

Lingis, Alphonso. 1984. *Excesses: Eros and Culture,* Albany: SUNY Press.

—— 2005. *Body Transformations: Evolutions and Atavisms in Culture.* Routledge: New York.

—— 2007. *The First Person Singular.* Evanston: Northwestern University Press.

Lorenz, Konrad. 1974. *On Aggression.* Orlando: Harvest.〔コンラート・ローレンツ『攻撃——悪の自然誌』日高敏隆・久保和彦訳、みすず書房、一九八五年〕

Lyotard, Jean-Francois. 1971. *Discours, Figure.* Paris: Klincksieck.〔ジャン＝フランソワ・リオタール『言説、形象』合田正人・三浦直希訳、法政大学出版局、二〇一一年〕

Maldiney, Henri. 1973. *Regard Parole Espace.* Lausanne: L'Age d'Homme.

Merleau-Ponty, Maurice. 1968. *The Visible and the Invisible.* Trans. Alphonso Lingis. Chicago: Northwestern University Press.〔モーリス・メルロ＝ポンティ『見えるものと見えないもの　付・研究ノート』滝浦静雄・木田元訳、みすず書房、一九八九年〕

Meyer, Leonard B. 1956. *Emotion and Meaning in Music.* Chicago: University of Chicago Press.

Miller, N. 2001. "Evolution of Human Music Through Sexual Selection." In N. L. Walllin, B. Merker, and S. Brown, eds., *The Origins of Music,* 329–360. Cambridge: MIT Press.

Mithen, Steven, 2005. *The Singing Neanderthals: The Origins of Music, Language, Mind, and Body.* London: Weidenfeld and Nicolson.〔スティーヴン・ミズン『歌うネアンデルタール——音楽と言語から見るヒ

トの進化』熊谷淳子訳、早川書房、二〇〇六年〕
Nicholls, Christine and Ian North, eds. 2001. *Kathleen Petyarre: Genius of Place*. Adelaide: Wakefield.
O'Sullivan, Simon. 2006. *Art Encounters: Deleuze and Guattari, Thought Beyond Representation*. London: Palgrave MacMillan.
Pinker, Steven. 2000. *The Language Instinct: How the Mind Creates Language*. New York: Harper Perennial.〔スティーブン・ピンカー『言語を生みだす本能』上・下、椋田直子訳、NHKブックス、一九九五年〕
Preziosi, Donald, ed. 1998. *The Art of Art History: A Critical Anthology*. Oxford: Oxford University Press.
Rajchman, John. 2000. *The Deleuze Connections*. Cambridge: MIT Press.
Ruyer, Raymond. 1952. *Neo-Finalisme*. Paris: PUF.
Smith, Daniel W. 1996. "Deleuze's Theory of Sensation: Overcoming the Kantian Duality." In Paul Patton, ed., *Deleuze: A Critical Reader*, 29–56. Oxford: Blackwell.
Storr, Anthony. 1992. *Music and the Mind*. New York: Ballantine.〔アンソニー・ストー『音楽する精神――人はなぜ音楽を聴くのか?』佐藤由紀・大沢忠雄・黒川孝文訳、白揚社、一九九四年〕
Straus, Erwin. 1963. *The Primary World of the Senses: A Vindication of Sensory Experience*. Trans. Jacob Needleman. London: Collier-MacMillan.
Uexküll, Jakob von. 1957. "A Stroll Through the Worlds of Animals and Men." In Claire Schiller, ed., *Instinctive Behaviour: The Development of a Modern Concept*, 5–80. New York: International Universities Press.〔ヤーコプ・フォン・ユクスキュル、ゲオルク・クリサート『生物から見た世界』日高敏隆、羽

田節子訳、岩波文庫、二〇〇五年〕
——2001a. "The New Concept of Umwelt: A Link Between Science and the Humanities." *Semiotica* 134 (1/4): 111–123.
——2001b. "An Introduction to Umwelt," *Semiotica* 134 (1/4): 107–110.
Wilson, Edward O. 1980. *Sociobiology: The Abridged Edition.* Cambridge: Belknap. 〔エドワード・O・ウィルソン『社会生物学』合本版、坂上昭一・宮井俊一・前川幸恵・北村省一・松本忠夫・粕谷英一・松沢哲郎・伊藤嘉昭・郷采人・巌佐庸・羽田節子訳、新思索社、一九九九年〕
Wölfflin, Heinrich. 1950. *Principles of Art History: The Problem of Development of Style in Later Art.* Mineola, NJ: Dover. 〔ハインリヒ・ヴェルフリン『美術史の基礎概念——近世美術における様式発展の問題』梅津忠雄訳、慶應義塾大学出版会、二〇〇〇年〕
Worringer, Wilhelm. 1964. *Form in Gothic.* New York: Schocken. 〔ウィルヘルム・ヴォリンガー『ゴシック美術形式論』中野勇訳、岩崎美術社、一九六八年〕
Zahavi, Amotz, Avishag Zahavi, Na'ama Ely, and Melvin Patrick Ely. 1997. *The Handicap Principle: A Missing Piece of Darwin's Puzzle.* Oxford: Oxford University Press. 〔アモツ・ザハヴィ、アヴィシャグ・ザハヴィ『生物進化とハンディキャップ原理——性選択と利他行動の謎を解く』大貫昌子訳、白揚社、二〇〇一年〕
〔フリードリッヒ・ニーチェ『ニーチェ全集』全一五巻、ちくま学芸文庫、一九九三—一九九四年〕

訳者あとがき

本書は二〇〇八年に出版された Elizabeth Grosz の *Chaos, Territory, Art : Deleuze and the Framing of the Earth*, Columbia University Press の全訳である。副題に「ドゥルーズと大地のフレーミング」とあるように、ジル・ドゥルーズ、とりわけドゥルーズとフェリックス・ガタリの共著である『千のプラトー』や『哲学とは何か』などにそくしつつ、グロス自身の芸術論が縦横無尽に展開されている。

エリザベス・グロスは、一九五二年にオーストラリアのシドニーで生まれ、シドニー大学で博士号を取得したのちに、いくつかの大学で教鞭をとり、現在はアメリカのデューク大学の教授を務めている。彼女の著作としては、現代フランス思想とりわけジャック・ラカンの精神分析や、本書にも記されているようにリュス・イリガライのフェミニズムの研究からはじまり、さらにはチャールズ・ダーウィンの進化論をあつかったものなどが目をひく。代表作として本書のほかに *Volatile Bodies : Toward a Corporeal Feminism*（1994）（『移り気な身体――身体性のフェミニズムに向けて』）や *Space, Time and Perversion: Essays on the Politics of Bodies*（1995）（『空間・時間・倒錯——身体の政治学についての試論』）、あるいは *Becoming Undone: Darwinian Reflections on Life, Politics and Art*（2011）（『未完になること——生命、政治、芸術についてのダーウィン的考察』）などがあり、最近では *The Incorporeal: Ontology, Ethics, and the Limits of Materialism*（2017）（『非身体——存在論、倫理学、唯物論の限界』）を刊行している。これらの作品からみても、フェミニズム系の論者でありつつ、身体性やそのマテリアリティ（およびその限界）について、精神分析、時空間論、進化論の議論などを駆使しながら主張を展開していることがわかる。日本語の翻訳としては『現代思想』などに論文はみうけられるものの、書物としては本書が最初のものとなる。また本書にかんしては、共訳者の佐古仁志による、大阪大学人間科学研究科『年報 人間科学』に掲載された書評がある（https://ir.library.osaka-u.ac.jp/repo/ouka/all/7488/ahs33_133.pdf）。

題名からも明らかなように、本書はドゥルーズとガタリの議論を軸としながら芸術について論じたものであり、その意味では彼女の活動の一部分を示したものにすぎないともいえる。とはいえ、そこからみてとることができる彼女の活動の方向性は明確である。グロスは、フェミニズムと精神分析という領域から仕事を開始しながらも、社会構築主義的に解釈されるセクシャリティの位相を越えたより深い身体の自然性を、ダーウィン的な生物進化をひきうけつつ考え、同時に芸術や政治といったもののあり方をとらえなおしていく。まさにドゥルーズとガタリが提示した、カオス的な自然と、そこから生みだされた産物である身体を救いだし、それを芸術という方向から考察することがなされていくのである。これは、現今の哲学思想のさまざまな場面で語られる新唯物論的な、また芸術をそもそも人間の固有性に回収しないという意味で脱人間主義的な、あるいは一種の自然主義的な傾向を強くそなえた思考であるといえる。とりわけフェミニズムにおいて、身体性やその生物性の問題は重要な鍵であるはずであり、イリガライ由来のフランス現代思想からはじまり、ダーウィニズムを通過させていくグロスの戦略は、多くの分野で有効性をもつとおもわれる。

本書は芸術をテーマとしながらも、そうしたセクシャリティや身体、そこでみいだされる政治性がそなえる物質的・進化的な連関を全面にだした著作であるといえる。

第一章では、カオスや情動《アフェクト》=変様態、リトルネロ、合成=創作平面などといったドゥルーズやガタリの主要概念が導入され、とりわけ後半部分では建築に焦点があてられつつ、それが、大地のカオスの力を「フレーミングする」ものとして描きだされる。そこでグロスは、ドゥルーズが『襞——ライプニッツとバロック』で言及するベルナール・カッシュをとりあげ、建築を、ただたんに人間的なものではなく、自然や、そこでの生物の活動の延長上にあるものとしてとらえなおす。そうした建築は、大地の力を身体がうけとめ、芸術化する基本型となるのである。

第二章では、とりわけ音楽が主題としてとりあげられる。まずは音楽の起源としての性淘汰・自然淘汰がダーウィンを通じて分析され、ついで環世界概念で知られるフォン・ユクスキュルの環境の理論、さらにはドゥルーズとガタリによる、リトルネロというカオスの領土化と脱領土化にかかわる議論があつかわれる。音と振動は、生命的なもの、動物的なものを貫いて、カオスとしての自然を生きるための枠組みを提示する。まさにここで音楽が、人間以前的なもの、人間を越えあるいはそれを含んだ生物学的な淵源からひきつがれる現象として、セクシャリティとも関連されつつ描きなおされる。

第三章では、絵画を軸として、まずは性淘汰と芸術的な感覚性が論じられ、感覚そのものが分析の対象になる。グロスは、ドゥルーズが『哲学とは何か』などで引用するエルヴィン・シュトラウスやアンリ・マルディネの美学論を援用し、ドゥルーズの『感覚の論理学』でのフランシス・ベーコンについての絵画論をとりあげながら、これらの主題を展開する。だが、この章のきわめて重要な部分は、後半における、オーストラリア先住民であるアボリジニの芸術についての議論にあるだろう。アボリジニは、ドリーミングという、自らの神話的な形成と先祖のさまざまな経験を語り伝える儀礼を芸術によって表現するのだが、それはドゥルーズが分析する西洋近現代絵画の枠を越え、まさに大地をマッピングするものであるとされる。そうしたアボリジニの芸術はヨーロッパ人にとって、再びみいだしなおされる大地の力の身体を通じた表現であるともいえる。これらの記述はオーストラリア出身のグロスにとって特有のものだろう（それはまた、オーストラリアをフィールドとし、ドゥルーズとガタリの概念をもちいる、フランスの人類学者バルバラ・グロチェフスキーの活動ともかさなりあう）。こうした探究は、ドゥルーズの概念格子を使いながらも、それを別の方向に展開させ、さらに活性化させていくものといえる。それは、この書物の最後で、コズミックな感覚を通じて現れる「世界民衆」の姿において、ドゥルーズとガタリが『哲学とは何か』で「来るべき民衆」ととらえたものを具体化させていくことからもみてとれる。その意味でこの書物は、短い芸術論の体裁をとりながら、まさに身体と大地、カオスとその枠組み、人間の生命とセクシャリティ、非西洋的な外部に向けた政治という、グロスがあつかう多様な議論を集約させたものということも可能である。

本書は、ドゥルーズとガタリが『哲学とは何か』で提示した、哲学・科学・芸術の鼎立構造のうち、とりわけ芸術に焦点をあてながら、建築、音楽、絵画という事例にそくして展開し、その存在論的なダイナミズムを、フェミニズムや進化論とも戦略的に連関させて論じる射程の広いものである。そこに含意されている多様な議論の展開は、まさにわれわれに委ねられているのだろう。

翻訳にかんしては、まずは第一章を瀧本裕美子、第二章を佐古仁志、第三章を小倉拓也が下訳を作成し、ついで全体のとりまとめを佐古・小倉がおこなったものに、檜垣が語句や語調の統一などを加えて完成させたものである。いつものこととはいえ、翻訳作業は遅延に遅延をかしてしまい、編集の郷間雅俊さんをかなりお待たせしてしまったが、それなりにユニークなドゥルーズとガタリの芸術論の応用編として本書が刊行されることを喜びたい。ドゥルーズにかんする美学的研究はさまざまに国内外で進められているが、そうした研究に、あるいはそれを越えた自然と身体とセクシュアリティといった広域の議論に、本書が一石を投じてくれれば幸いである。

二〇二〇年　コロナ騒動の春に

訳者を代表して

檜垣　立哉

索　引

ア 行

カ 行

サ 行

タ 行

ナ 行

ハ 行

マ 行

ヤ 行

ラ 行

ワ 行

《叢書・ウニベルシタス　1113》
カオス・領土・芸術
ドゥルーズと大地のフレーミング

2020年5月25日　初版第1刷発行

エリザベス・グロス
檜垣立哉 監訳
小倉拓也／佐古仁志／瀧本裕美子 訳
発行所　一般財団法人　法政大学出版局
〒102-0071 東京都千代田区富士見2-17-1
電話 03(5214)5540 振替 00160-6-95814
組版: HUP　印刷: 三和印刷　製本: 積信堂
© 2020

Printed in Japan

ISBN978-4-588-01113-9

著　者

エリザベス・グロス（Elizabeth Grosz）

1952年生。哲学者。デューク大学教授。オーストラリア生まれで、シドニー大学で学位を取得。モナシュ大学、ラトガース大学などを経て、2012年より現職。フランス現代思想の研究と紹介を行いつつ、身体や進化などの観点からフェミニズム理論やジェンダー論の領域で独自の仕事を展開している。著書に *Volatile Bodies: Toward a Corporeal Feminism*, Indiana University Press, 1994 や *The Incorporeal: Ontology, Ethics, and the Limits of Materialism*, Columbia University Press, 2017 など多数。

監訳者

檜垣立哉（ひがき・たつや）

1964年生。東京大学大学院人文科学研究科博士課程中途退学。大阪大学人間科学研究科教授。哲学・現代思想。著書に『瞬間と永遠』（岩波書店）、『ヴィータ・テクニカ』（青土社）、『生と権力の哲学』（ちくま新書）、『子供の哲学』（講談社）、『賭博／偶然の哲学』（河出書房新社）ほか。

訳　者

小倉拓也（おぐら・たくや）

1985年生。秋田大学教育文化学部准教授。哲学・思想史。著書に『カオスに抗する闘い』（人文書院）、共著に『ドゥルーズの21世紀』（河出書房新社）、『発達障害の時代とラカン派精神分析』（晃洋書房）ほか。

佐古仁志（さこ・さとし）

1978年生。大阪大学大学院人間科学研究科単位取得退学。博士（人間科学）。立教大学兼任講師ほか。生態記号論。共著に『知の生態学的転回3　倫理』（東京大学出版会）、論文に「「自己制御」とその極としての「希望」あるいは「偏見」」（叢書セミオトポス14）ほか。

瀧本裕美子（たきもと・ゆみこ）

1989年生。大阪大学大学院人間科学研究科単位取得退学。

―――― 叢書・ウニベルシタスより ――――
(表示価格は税別です)

1056 私たちのなかの私　承認論研究
A. ホネット／日暮・三崎・出口・庄司・宮本訳　4200円

1057 美学講義
G. W. F. ヘーゲル／寄川条路監訳　4600円

1058 自己意識と他性　現象学的探究
D. ザハヴィ／中村拓也訳　4700円

1059 ハイデガー『存在と時間』を読む
S. クリッチリー，R. シュールマン／串田純一訳　4000円

1060 カントの自由論
H. E. アリソン／城戸淳訳　6500円

1061 反教養の理論　大学改革の錯誤
K. P. リースマン／斎藤成夫・齋藤直樹訳　2800円

1062 ラディカル無神論　デリダと生の時間
M. ヘグルンド／吉松覚・島田貴史・松田智裕訳　5500円

1063 ベルクソニズム〈新訳〉
G. ドゥルーズ／檜垣立哉・小林卓也訳　2100円

1064 ヘーゲルとハイチ　普遍史の可能性にむけて
S. バック＝モース／岩崎稔・高橋明史訳　3600円

1065 映画と経験　クラカウアー、ベンヤミン、アドルノ
M. B. ハンセン／竹峰義和・滝浪佑紀訳　6800円

1066 図像の哲学　いかにイメージは意味をつくるか
G. ベーム／塩川千夏・村井則夫訳　5000円

1067 憲法パトリオティズム
J.-W. ミュラー／斎藤一久・田畑真一・小池洋平監訳　2700円

1068 カフカ　マイナー文学のために〈新訳〉
G. ドゥルーズ，F. ガタリ／宇野邦一訳　2700円

1069 エリアス回想録
N. エリアス／大平章訳　3400円

―――― 叢書・ウニベルシタスより ――――
(表示価格は税別です)

1070 リベラルな学びの声
M. オークショット／T. フラー編／野田裕久・中金聡訳 3400円

1071 問いと答え ハイデガーについて
G. フィガール／齋藤・陶久・関口・渡辺監訳 4000円

1072 啓蒙
D. ウートラム／田中秀夫監訳 4300円

1073 うつむく眼 二〇世紀フランス思想における視覚の失墜
M. ジェイ／亀井・神田・青柳・佐藤・小林・田邉訳 6400円

1074 左翼のメランコリー 隠された伝統の力
E. トラヴェルソ／宇京頼三訳 3700円

1075 幸福の形式に関する試論 倫理学研究
M. ゼール／高畑祐人訳 4800円

1076 依存的な理性的動物 ヒトにはなぜ徳が必要か
A. マッキンタイア／高島和哉訳 3300円

1077 ベラスケスのキリスト
M. デ・ウナムーノ／執行草舟監訳, 安倍三﨑訳 2700円

1078 アルペイオスの流れ 旅路の果てに〈改訳版〉
R. カイヨワ／金井裕訳 3400円

1079 ボーヴォワール
J. クリステヴァ／栗脇永翔・中村彩訳 2700円

1080 フェリックス・ガタリ 危機の世紀を予見した思想家
G. ジェノスコ／杉村昌昭・松田正貴訳 3500円

1081 生命倫理学 自然と利害関心の間
D. ビルンバッハー／加藤泰史・高畑祐人・中澤武監訳 5600円

1082 フッサールの遺産 現象学・形而上学・超越論哲学
D. ザハヴィ／中村拓也訳 4000円

1083 個体化の哲学 形相と情報の概念を手がかりに
G. シモンドン／藤井千佳世監訳 6200円

――――― 叢書・ウニベルシタスより ―――――
（表示価格は税別です）

1084 性そのもの　ヒトゲノムの中の男性と女性の探求
S. S. リチャードソン／渡部麻衣子訳　4600円

1085 メシア的時間　歴史の時間と生きられた時間
G. ベンスーサン／渡名喜庸哲・藤岡俊博訳　3700円

1086 胎児の条件　生むことと中絶の社会学
L. ボルタンスキー／小田切祐詞訳　6000円

1087 神　第一版・第二版　スピノザをめぐる対話
J. G. ヘルダー／吉田達訳　4400円

1088 アドルノ音楽論集 幻想曲風に
Th. W. アドルノ／岡田暁生・藤井俊之訳　4000円

1089 資本の亡霊
J. フォーグル／羽田功訳　3400円

1090 社会的なものを組み直す　アクターネットワーク理論入門
B. ラトゥール／伊藤嘉高訳　5400円

1091 チチスベオ　イタリアにおける私的モラルと国家のアイデンティティ
R. ビッツォッキ／宮坂真紀訳　4800円

1092 スポーツの文化史　古代オリンピックから21世紀まで
W. ベーリンガー／髙木葉子訳　6200円

1093 理性の病理　批判理論の歴史と現在
A. ホネット／出口・宮本・日暮・片上・長澤訳　3800円

1094 ハイデガー＝レーヴィット往復書簡　1919–1973
A. デンカー編／後藤嘉也・小松恵一訳　4000円

1095 神性と経験　ディンカ人の宗教
G. リーンハート／出口顯監訳／坂井信三・佐々木重洋訳　7300円

1096 遺産の概念
J.-P. バブロン，A. シャステル／中津海裕子・湯浅茉衣訳　2800円

1097 ヨーロッパ憲法論
J. ハーバーマス／三島憲一・速水淑子訳　2800円

叢書・ウニベルシタスより

（表示価格は税別です）

1098 オーストリア文学の社会史　かつての大国の文化
W. クリークレーダー／斎藤成夫訳　7000円

1099 ベニカルロの夜会　スペインの戦争についての対話
M. アサーニャ／深澤安博訳　3800円

1100 ラカン　反哲学3 セミネール 1994–1995
A. バディウ／V. ピノー校訂／原和之訳　3600円

1101 フューチャビリティー　不能の時代と可能性の地平
F. ベラルディ（ビフォ）／杉村昌昭訳　3600円

1102 アメリカのニーチェ　ある偶像をめぐる物語
J. ラトナー=ローゼンハーゲン／岸正樹訳　5800円

1103 セザンヌ=ゾラ往復書簡　1858–1887
H. ミトラン校訂・解説・注／吉田典子・高橋愛訳　5400円

1104 新しい思考
F. ローゼンツヴァイク／村岡晋一・田中直美編訳　4800円

1106 告発と誘惑　ジャン=ジャック・ルソー論
J. スタロバンスキー／浜名優美・井上櫻子訳　4200円

1108 国家に抗するデモクラシー
M. アバンスール／松葉類・山下雄大訳　3400円

1109 イシスのヴェール　自然概念の歴史をめぐるエッセー
P. アド／小黒和子訳　5000円

1110 生の肯定　ニーチェによるニヒリズムの克服
B. レジンスター／岡村俊史・竹内綱史・新名隆志訳　5400円

1111 世界の終わりの後で　黙示録的理性批判
M. フッセル／西山・伊藤・伊藤・横田訳　4500円

1112 中世ヨーロッパの文化
H. クラインシュミット／藤原保明訳　7800円

1116 偶発事の存在論　破壊的可塑性についての試論
C. マラブー／鈴木智之訳　2800円